My Little / Mon Petit Universe

我的小小宇宙

My Little / Mon Petit

Universe

我的小小宇宙

Huang Xinyu / 黄歆钰

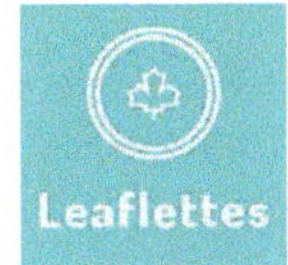

My Little / Mon Petit Universe (Children's Art 1)
Author: Huang Xinyu / 黄歆钰
Editor: Li Chaoting / 李晁婷
Cover painting: Huang Xinyu / 黄歆钰

ISBN: 978-1-0688485-6-8

Publised by: Leaflettes, Montreal, Canada
Email: acerbookscanada@gmail.com

Children's Art (Series)
Plan: Li Yang / 黎杨
Editor: Li Chaoting / 李晁婷
Editor-in-Chief: Tao Zhijian / 陶志健

大家好，我是爱笑爱幻想的十五岁女孩黄歆钰。我的家人们平时都亲昵地称我为小糯，因为他们说我刚出生的时候，小脸蛋看上去软糯得像小汤圆。我的画笔为我营造了一个属于我的小小宇宙。现在就请大家和我一起进入我的小天地吧。

Hello everyone, I am Huang Xinyu, a 15-year-old girl who loves to laugh and fantasize. My parents call me Xiaonuo affectionately, for when I was just born, I looked so soft I was like a stikcy rice dumpling. Here, my brush has created a small universe for me. Would you like to come with me into my little world?

Bonjour à tous, je m'appelle Huang Xinyu, une jeune fille de 15 ans qui aime rire et fantasmer. Mes parents m'appellent affectueusement Xiaonuo, car quand je venais de naître, j'avais l'air aussi douce qu'une petite boulette de riz. Voila, mon pinceau a créé un petit univers pour moi. Voulez-vous venir avec moi dans mon petit monde?

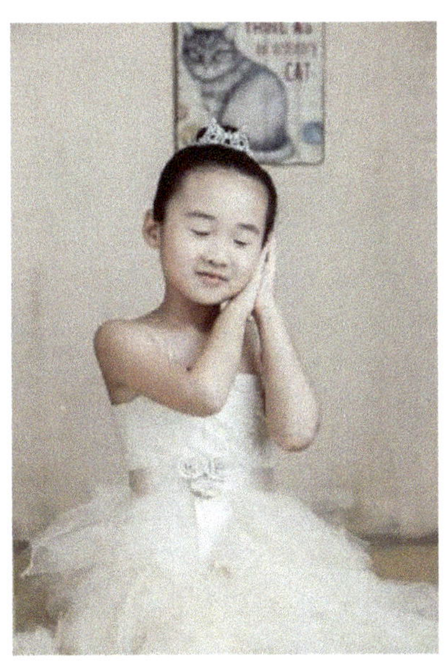
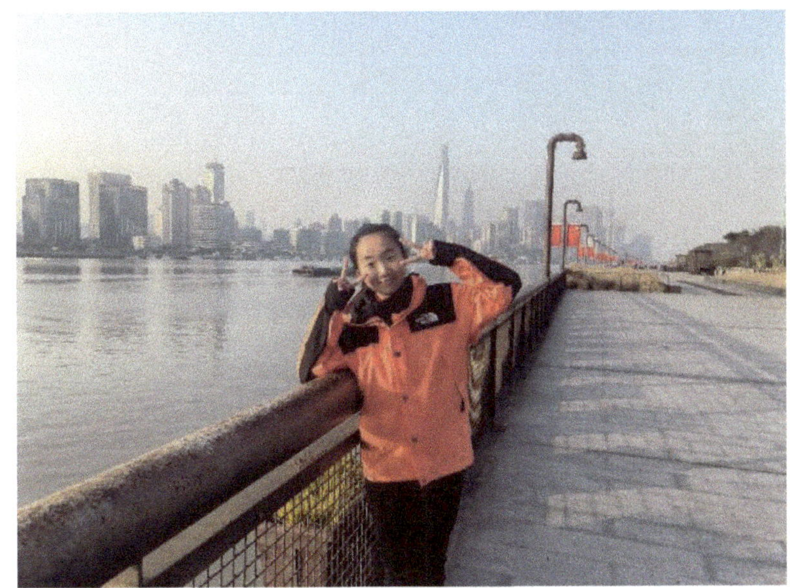

"星星们，你们好啊，你们看得到我吗？"

"Hi, Stars, Do you see me here?"

"Bonjour, les étoiles, pouvez-vous me voir?"

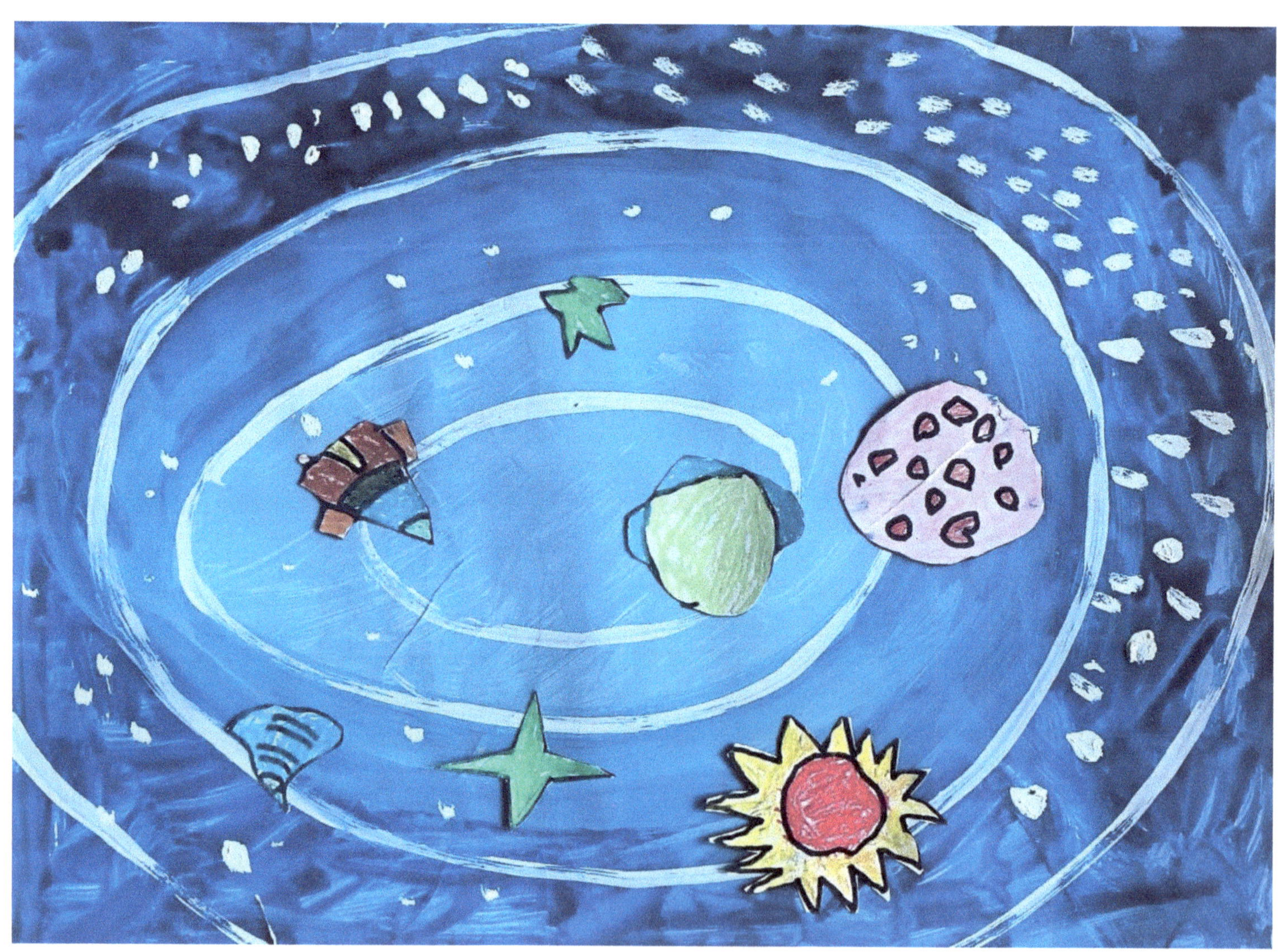

鱼宝宝说，我从来没有见过灯笼！

Baby Fish: "I have never seen a lantern."

Le poissson: "J'ai jamais vu une lanterne."

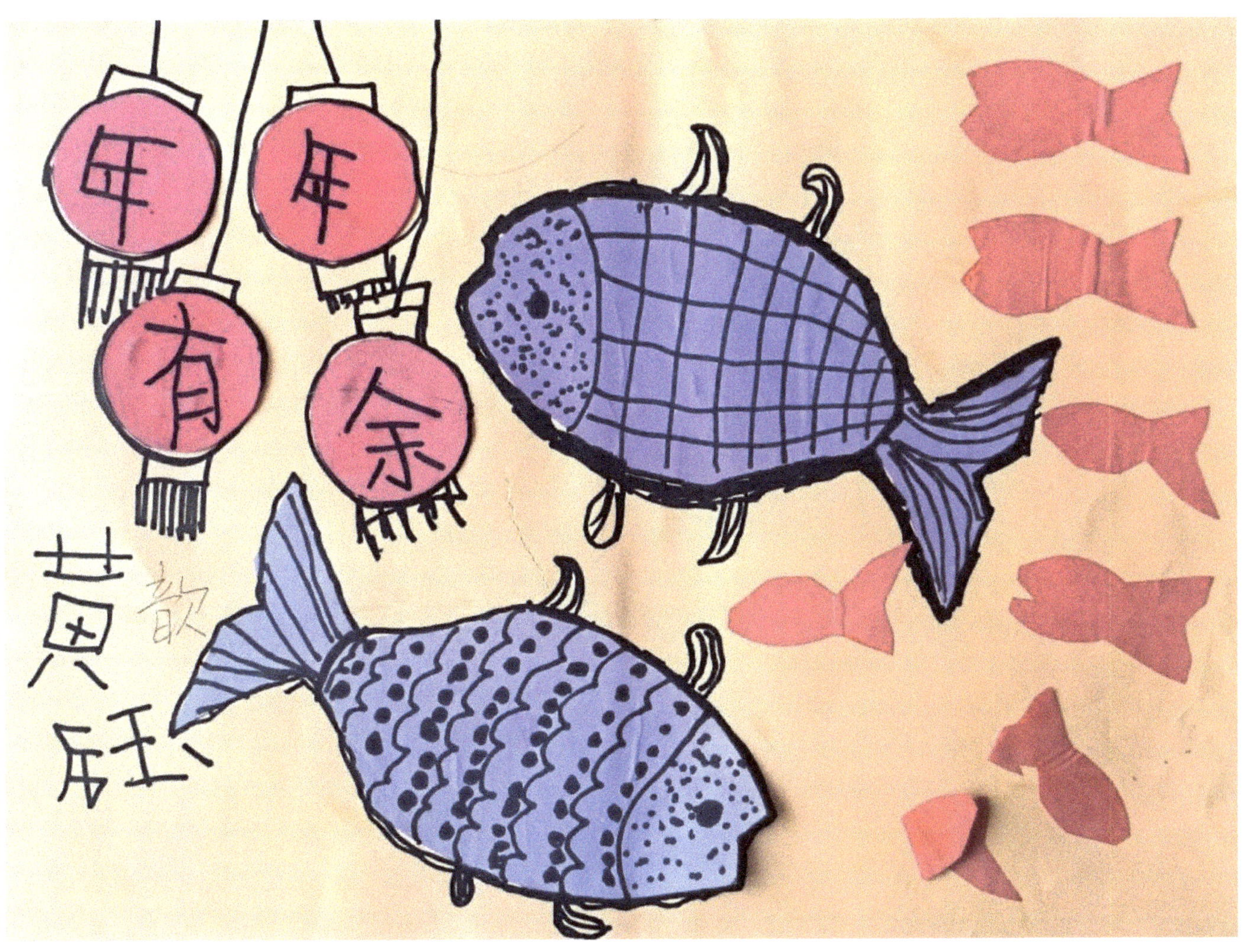

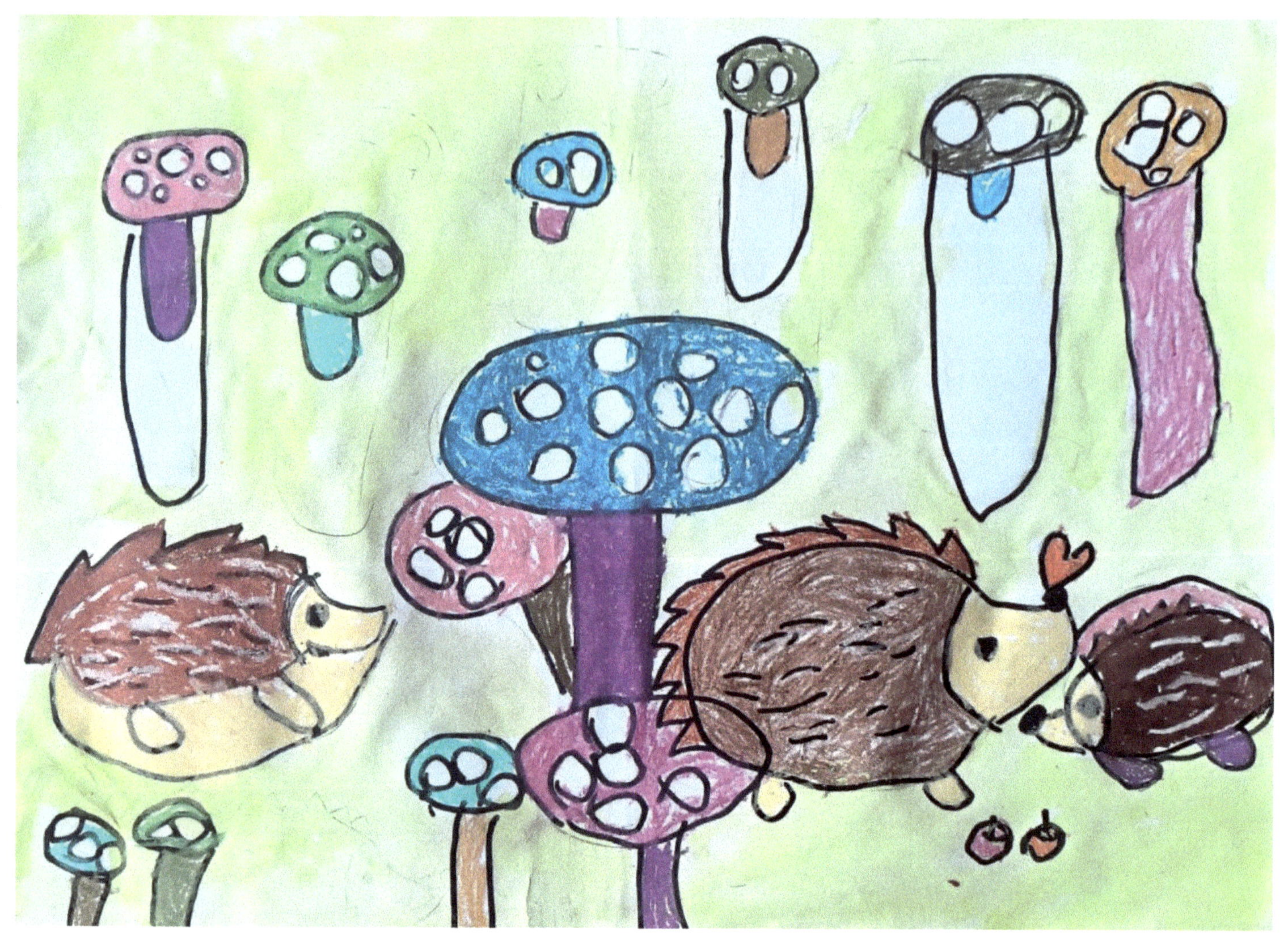

刺猬妈妈告诉宝宝，并不是每一种蘑菇都能吃，紫色蘑菇毒性最强！

Mama Hedgehog tells her babies that not all mushrooms are edible, and the purple ones are the most poisonous!

La mère hérisson a dit aux bébés que toutes les sortes de champignons ne peuvent pas être mangées et que les champignons violets sont les plus toxiques !

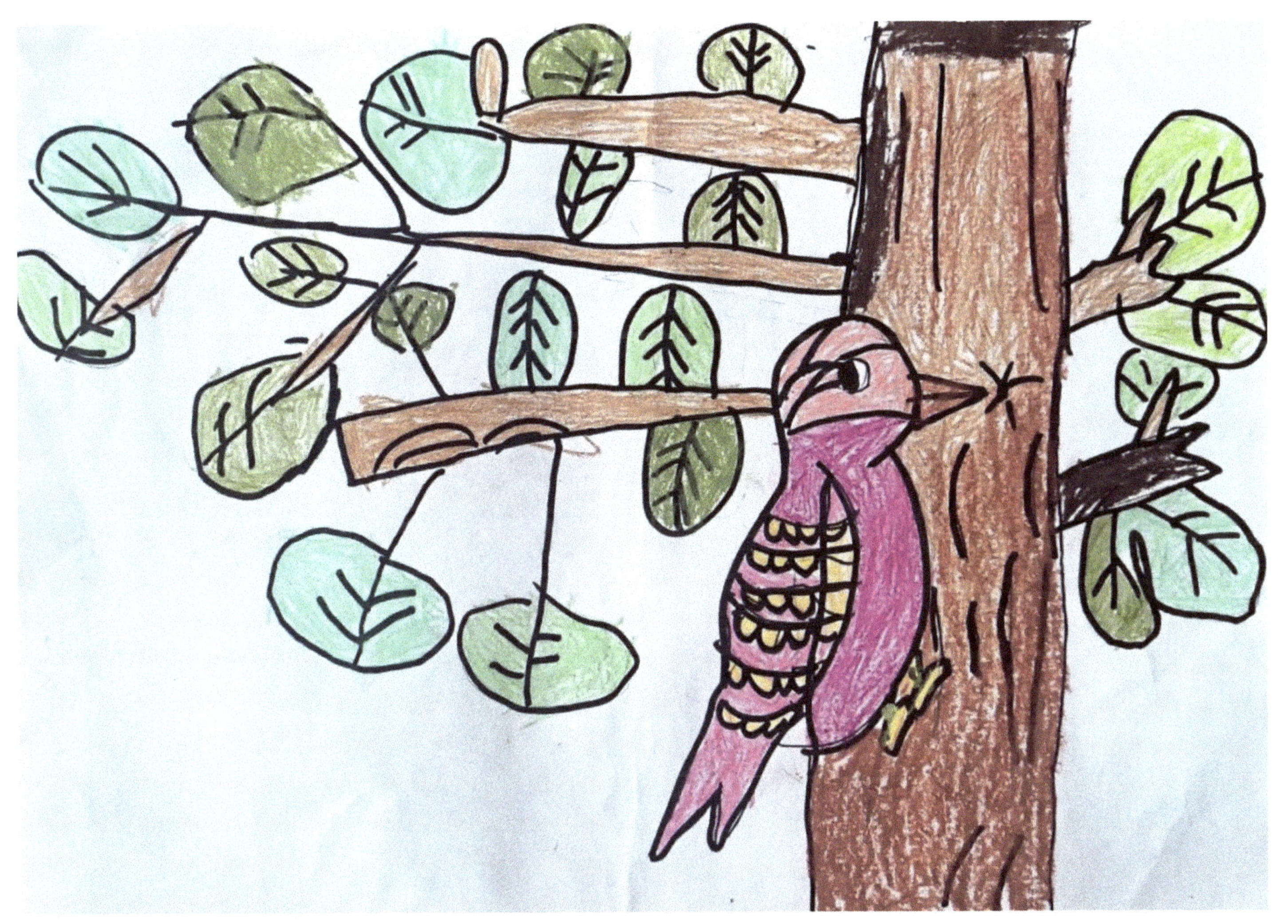

啄木鸟姐姐喜欢在大树上幻想，每一棵树都是她幻想的温床。

Sister Woodpecker likes to fantasize on big trees, every tree being a warm bed for her fantasies.

Sœur Woodpecker aime fantasmer dans les grands arbres, et chaque arbre est le foyer de son fantasme.

云中城堡

Castle in clouds

Château dans les nuages

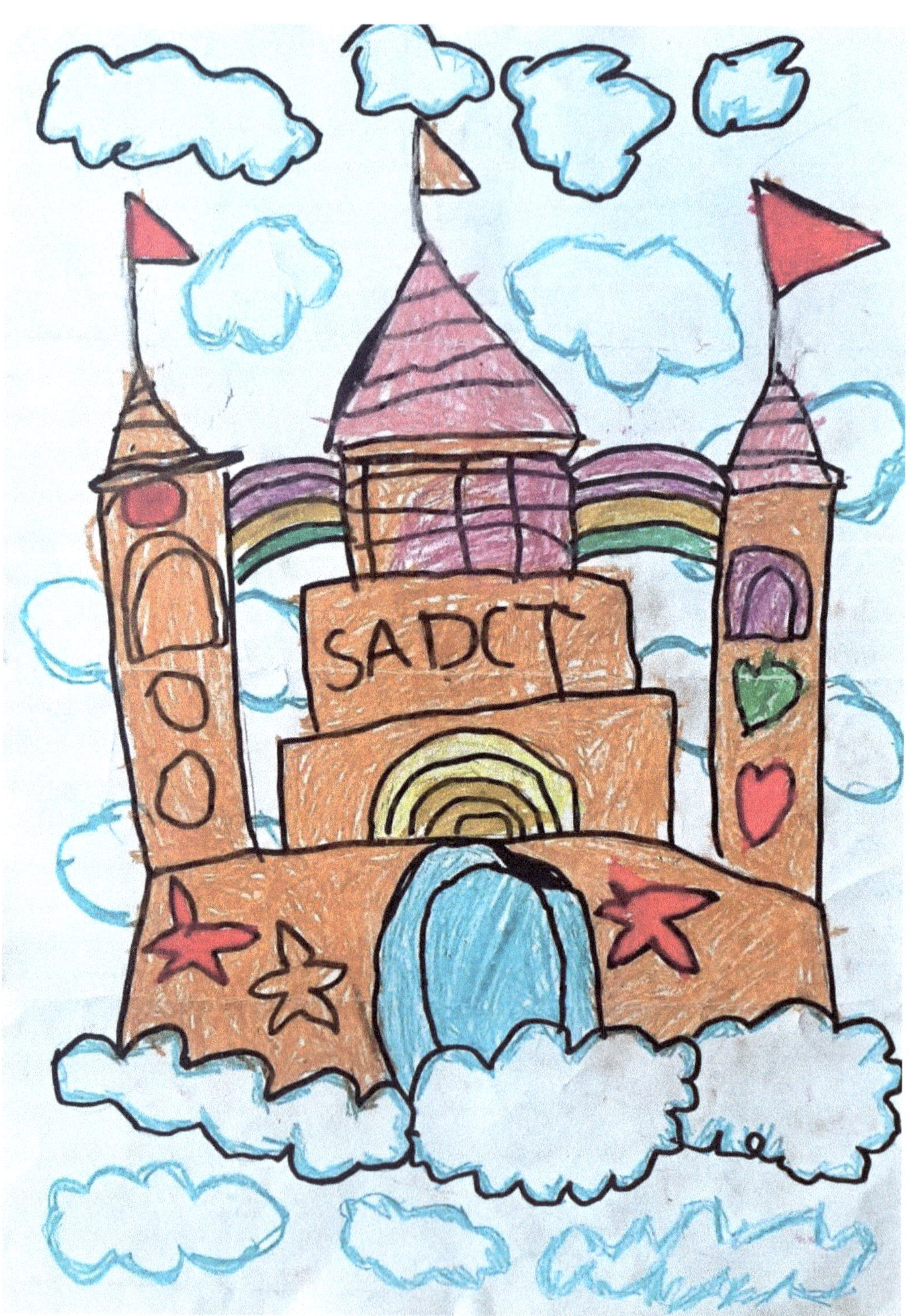

调皮的雪人一到
夜晚就会四处闲逛，你
看看它的肚子，是不是
越变越脏了？那就是
它"偷偷逛街"的证据！

The naughty
snowman likes to
sneak out at night.
Look at his belly,
isn't it getting
dirtier? Does'nt it
just tell?

Le vilain
bonhomme de neige
se promène la nuit. Si
vous n'y croyez pas,
regardez son ventre.
Est-il de plus en plus
sale ? C'est la preuve
qu'il « fait ses
courses en secret » !

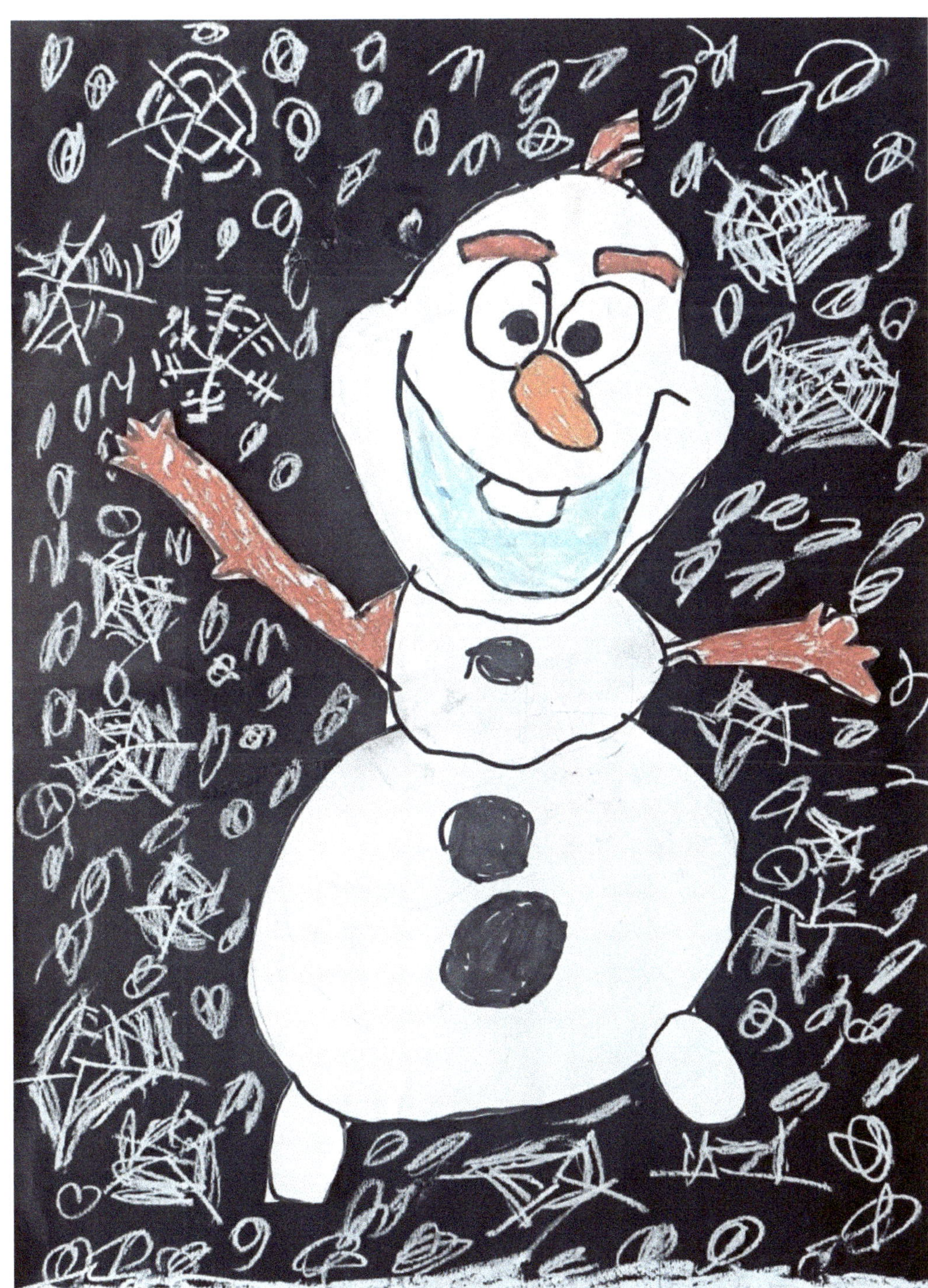

不要觉得沙漠的世界永远是乏味单色的。

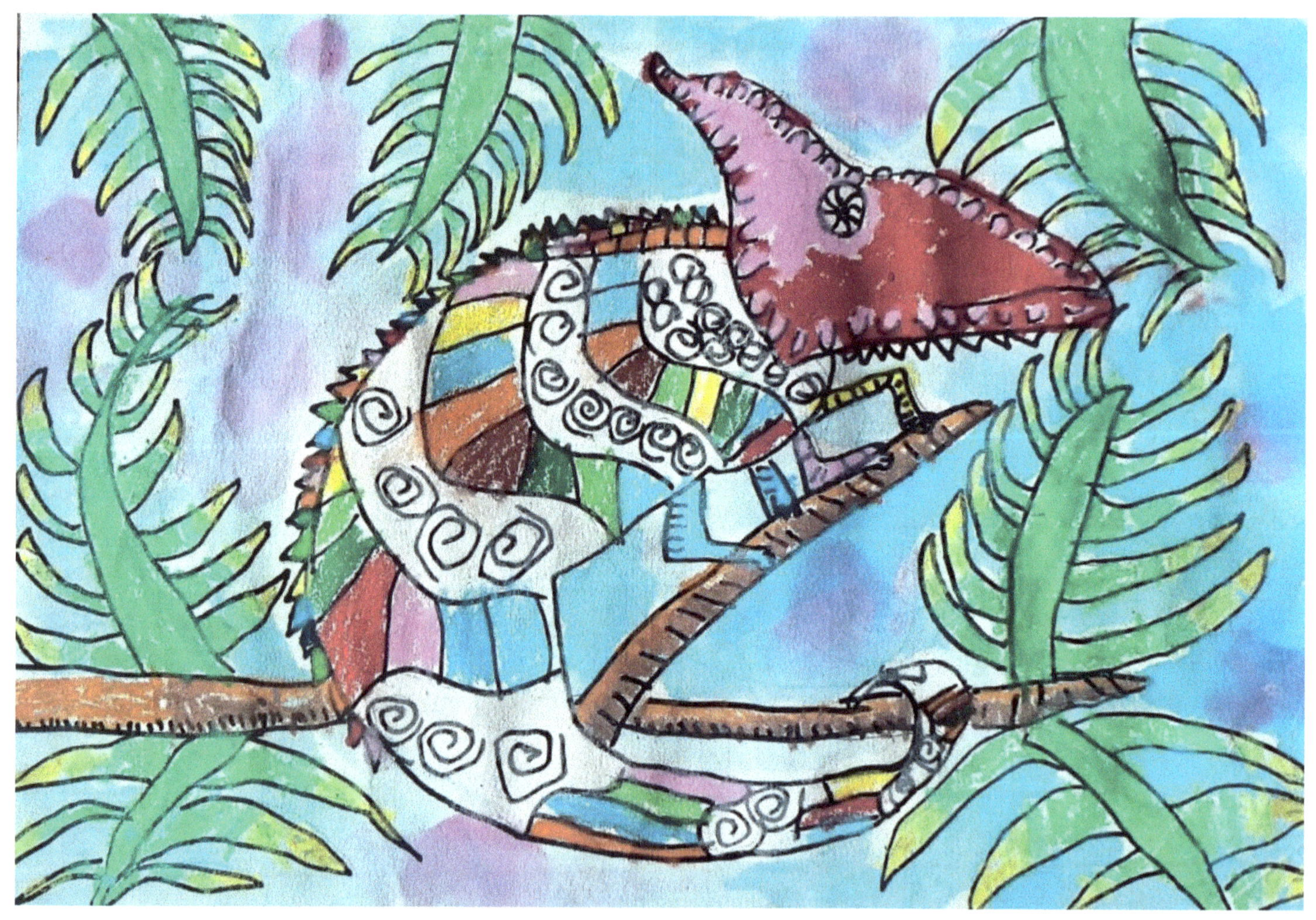

Don't think that the desert world is always boring and without colours.

Ne pensez pas que le monde désertique sera toujours ennuyeux et sans couleurs.

变色龙姐妹最喜欢
问，你还看得见我吗？

Sister Chameleon
likes to ask, "Can you
still see me?"

Sœur Caméléon
aime demander, peux-tu
toujours me voir ?

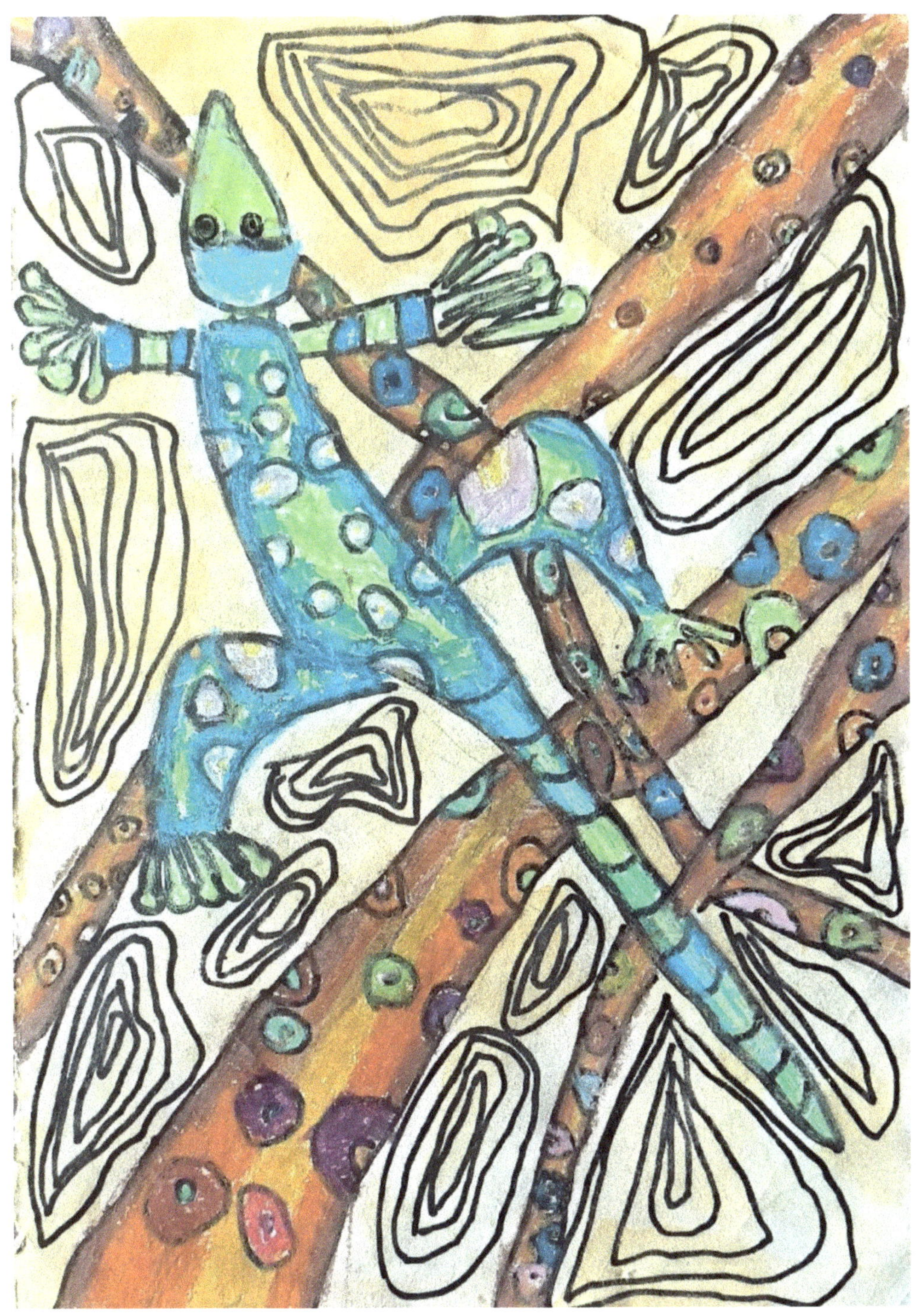

沙漠中走了太久的骆驼渴了，怎样喝到仙人掌的汁水？

A camel has been walking in the desert for too long and is getting thirsty. How can he get to drink the water from the cactus?

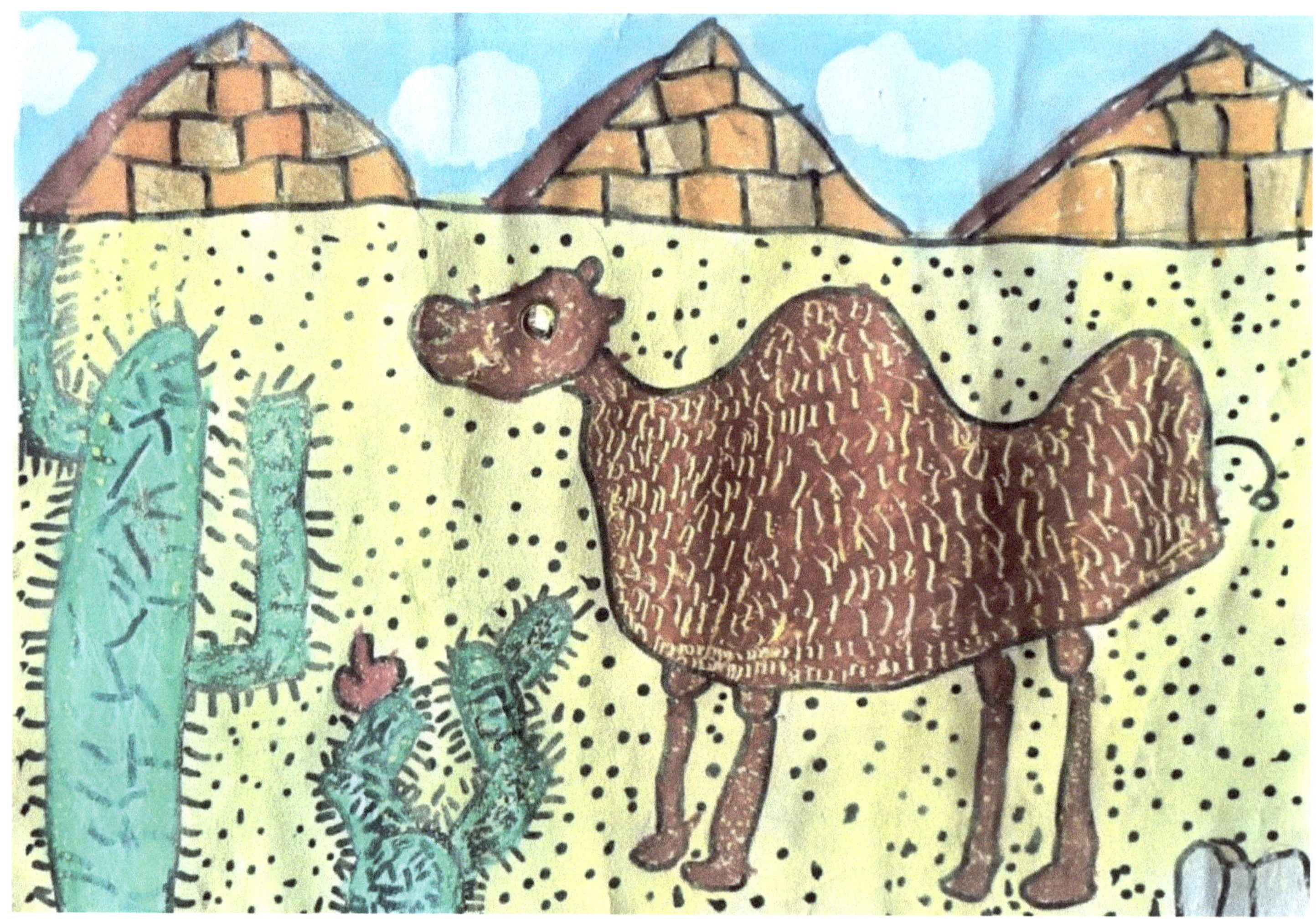

Un chameau qui marche trop longtemps dans le désert a soif. Comment peut-il boire le jus des cactus ?

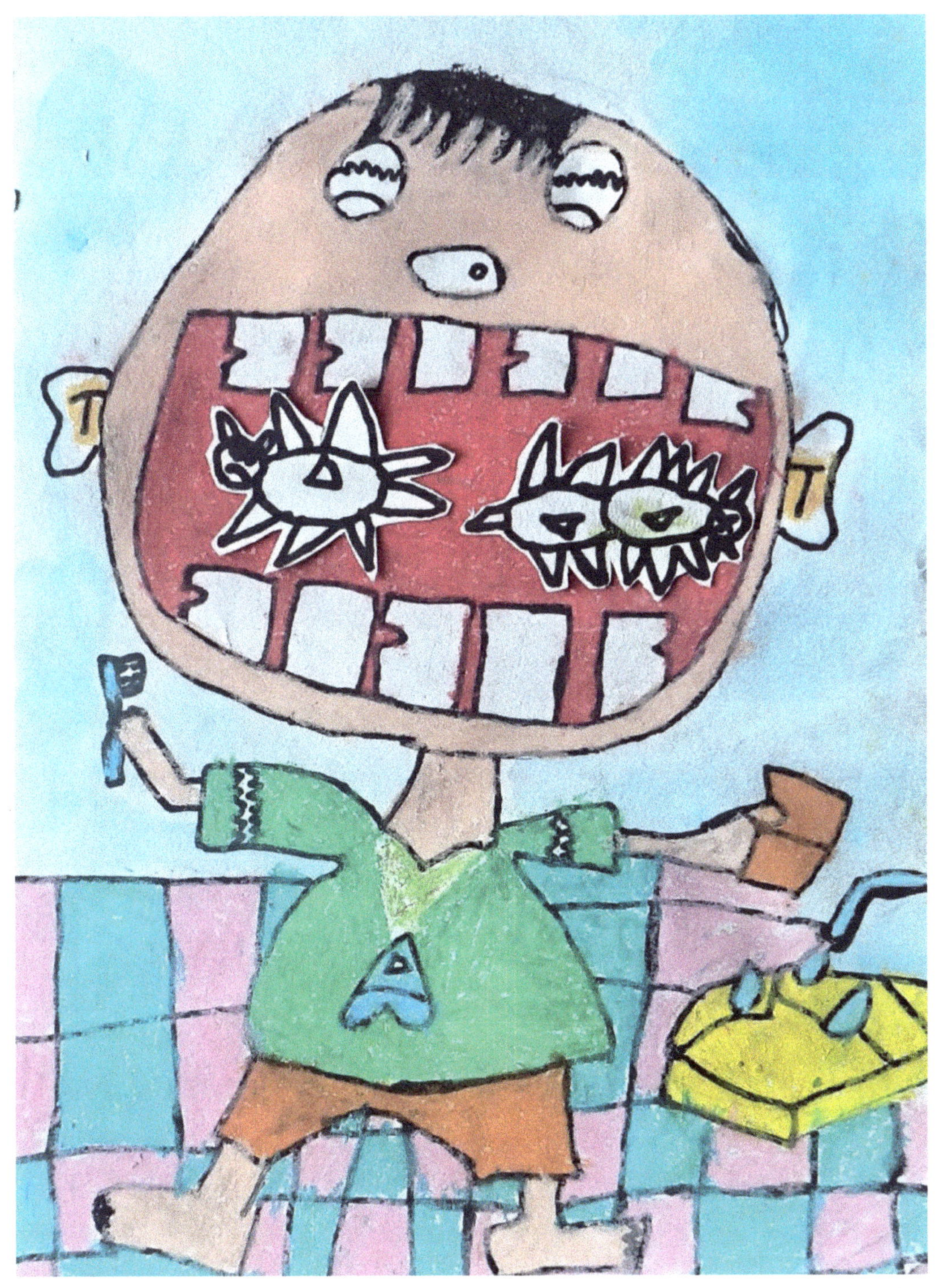

在我嘴里住下的
小坏蛋，一到夜晚就用
电钻破坏我的牙齿！

At night, the
little devils that
moved into my mouth
start to destroy my
teeth with a drill!

Le petit
méchant qui vit dans
ma bouche utilise une
perceuse électrique
pour m'abîmer les
dents la nuit !

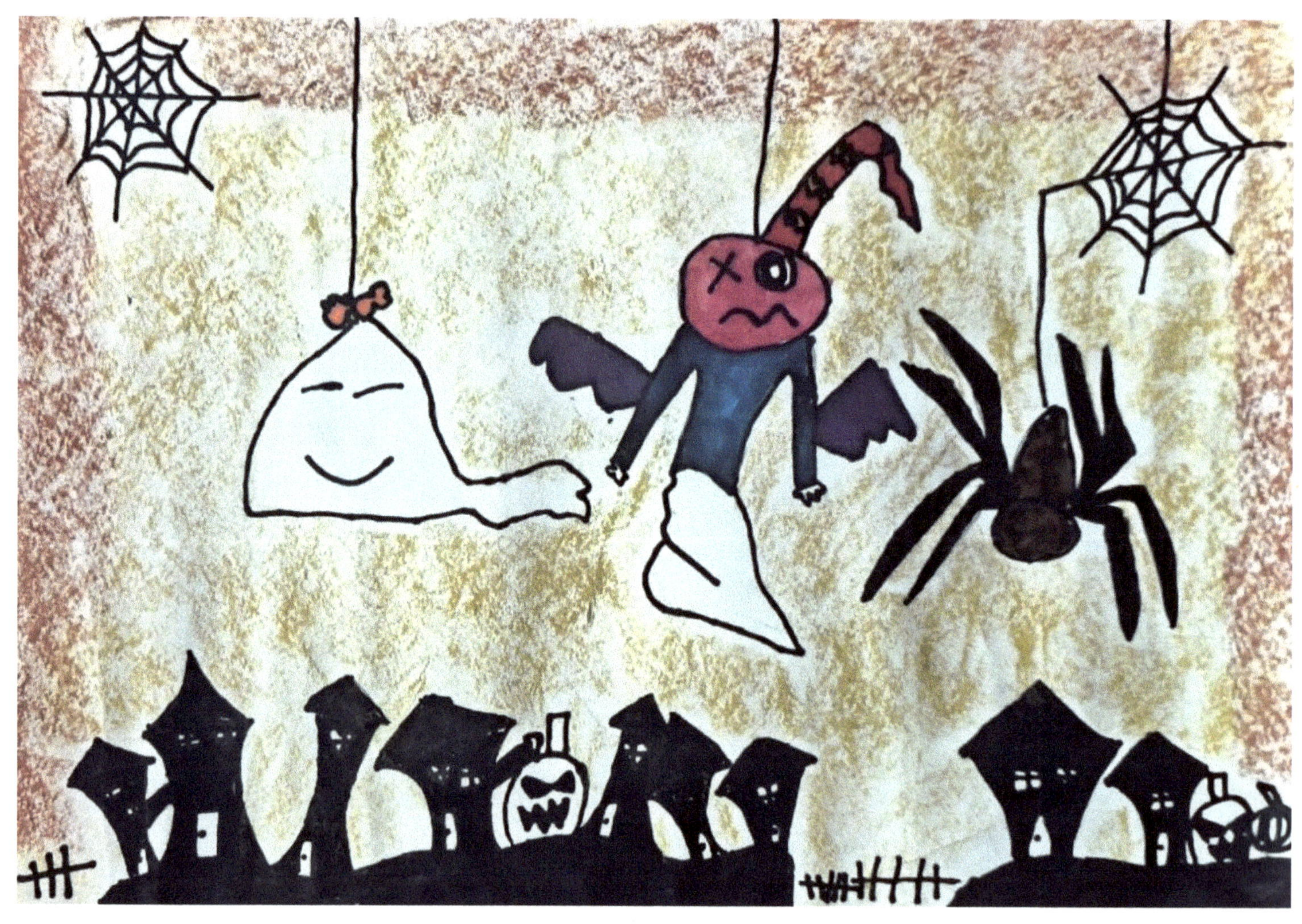

万圣节，只留下了大蜘蛛和小丑看家。

On Halloween, only the big spider and the clown stay to guard the house.

Tous les fantômes d'Halloween sont allés à la fête, ne laissant que l'araignée géante et le clown s'occuper de la maison.

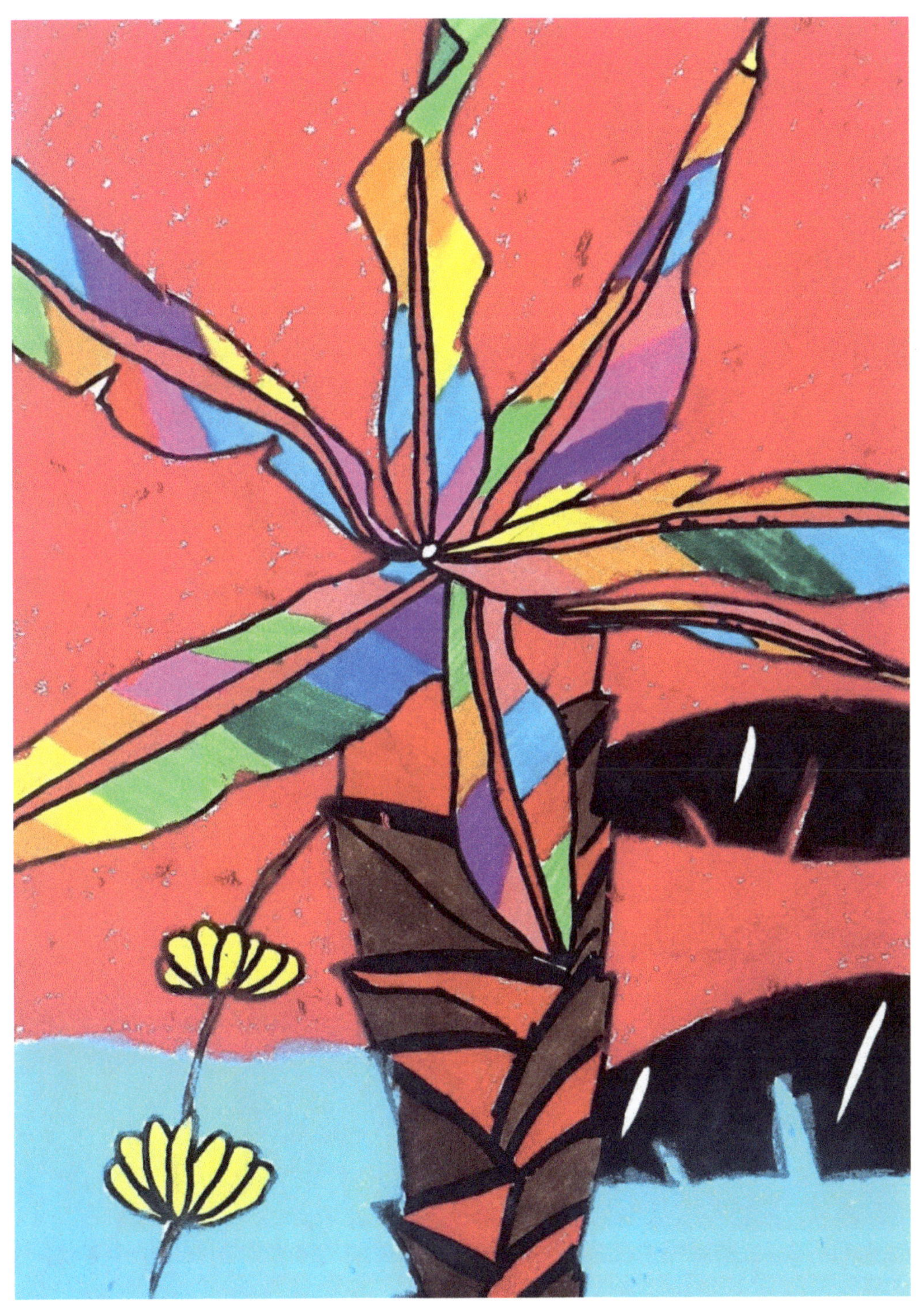

你见过彩色竹子开
花吗？

Have you ever
seen bamboo blooming
into colorful flowers?

Avez-vous déjà
vu des fleurirs colorés
sur du bambou?

如果屋顶长出鲜花。

Suppose flowers spring out on the roof.

Supposons que des fleurs poussent sur le toit.

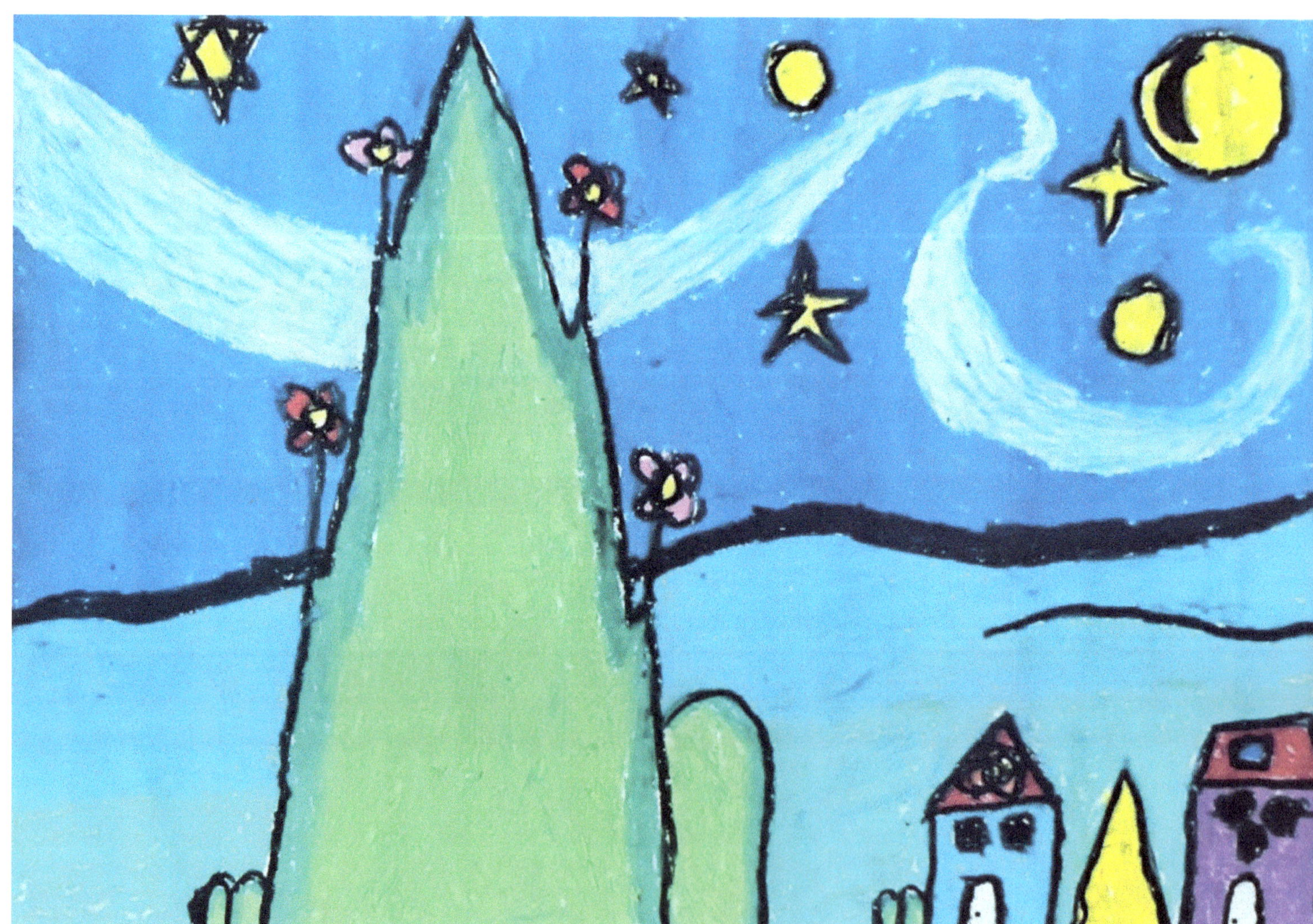

复活岛的石像

Moai on Easter Island

Statues de pierre sur l'île de Pâques

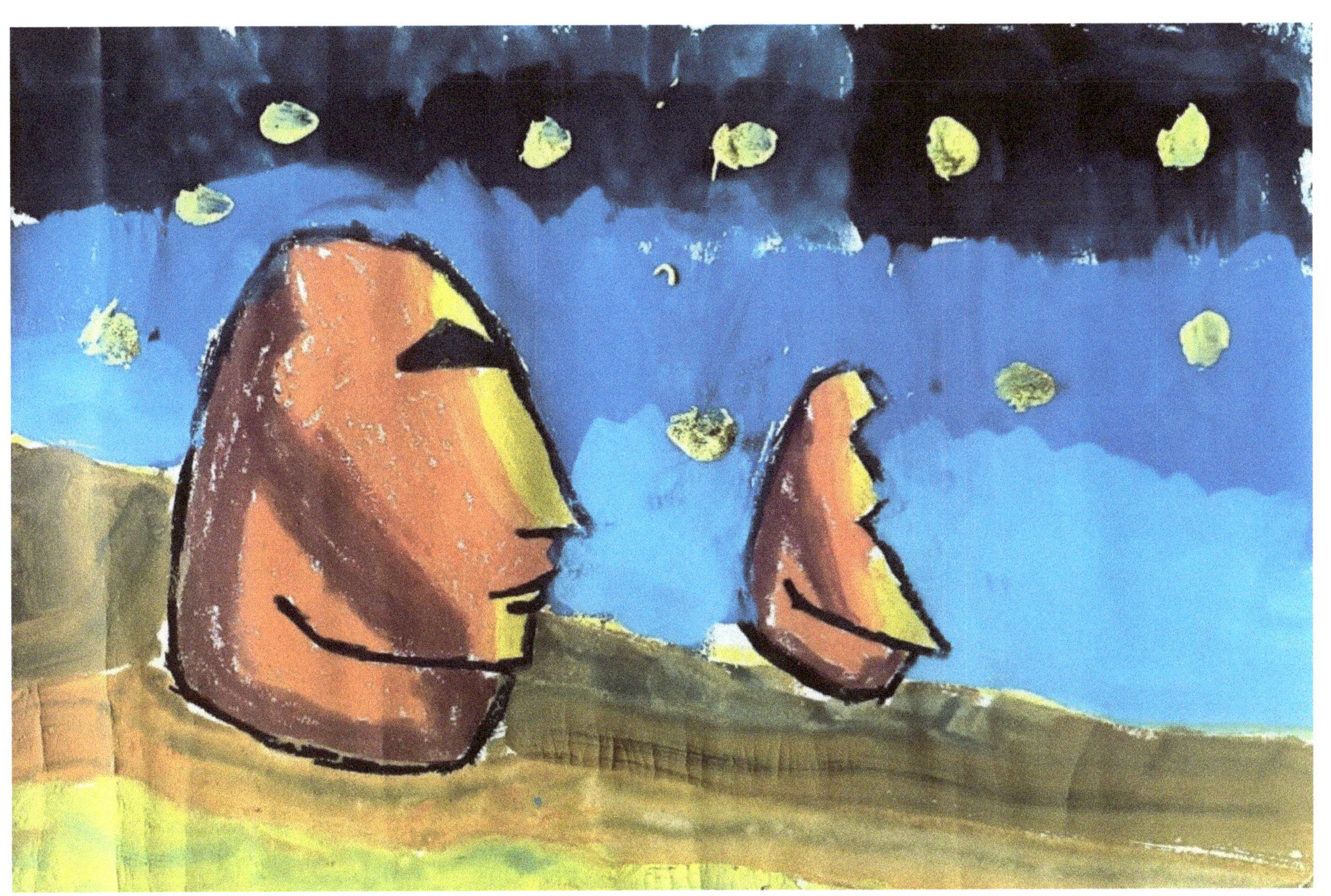

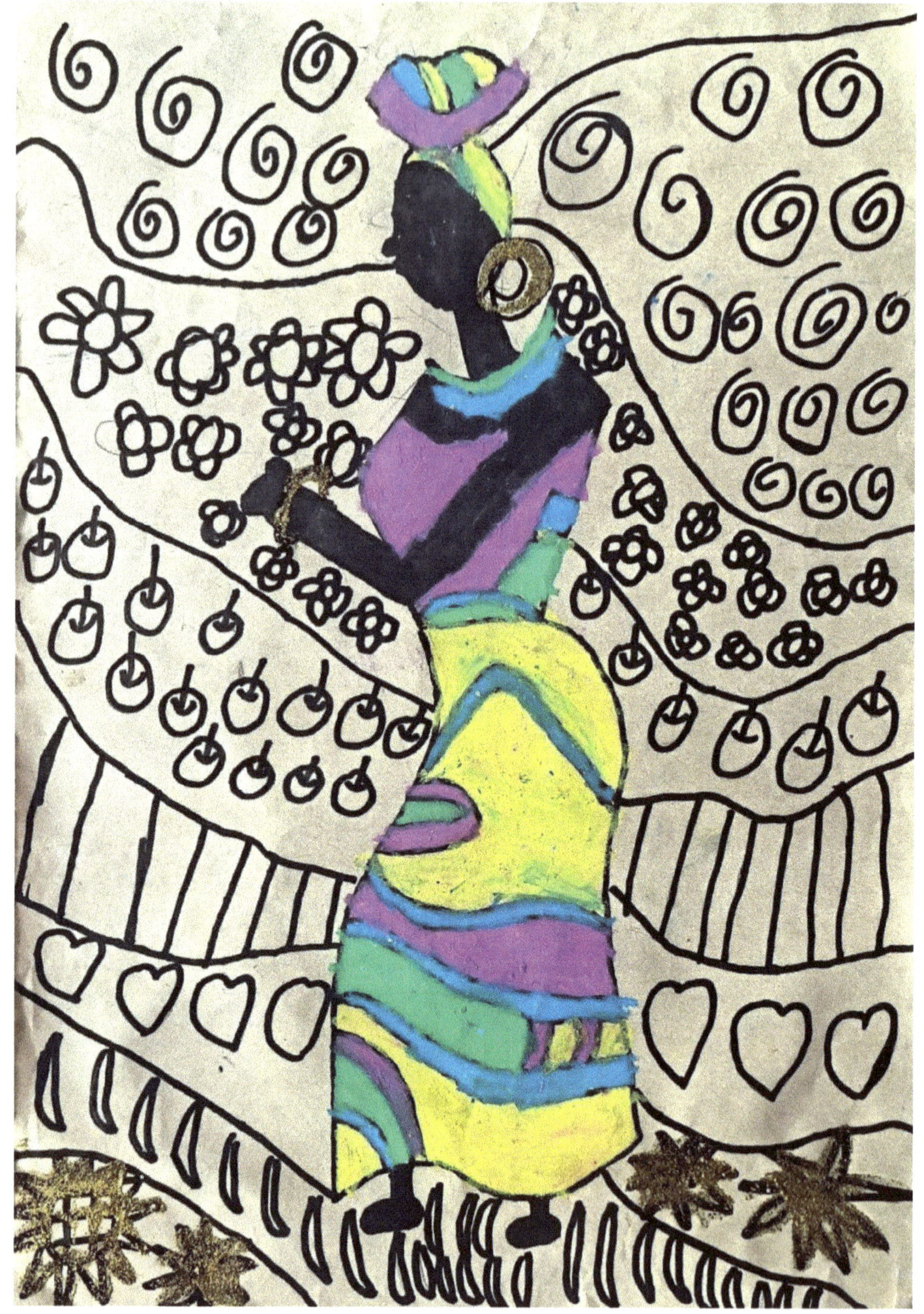

乌干达的少女会用头顶"送快递"。

In Uganda, girls can "deliver packages" on their head!

en Ouganda, les filles peuvent "livrer des colis sur leur tête! !"

小鸟说，下雨了，莲花姐姐，可以让我躲躲雨吗？

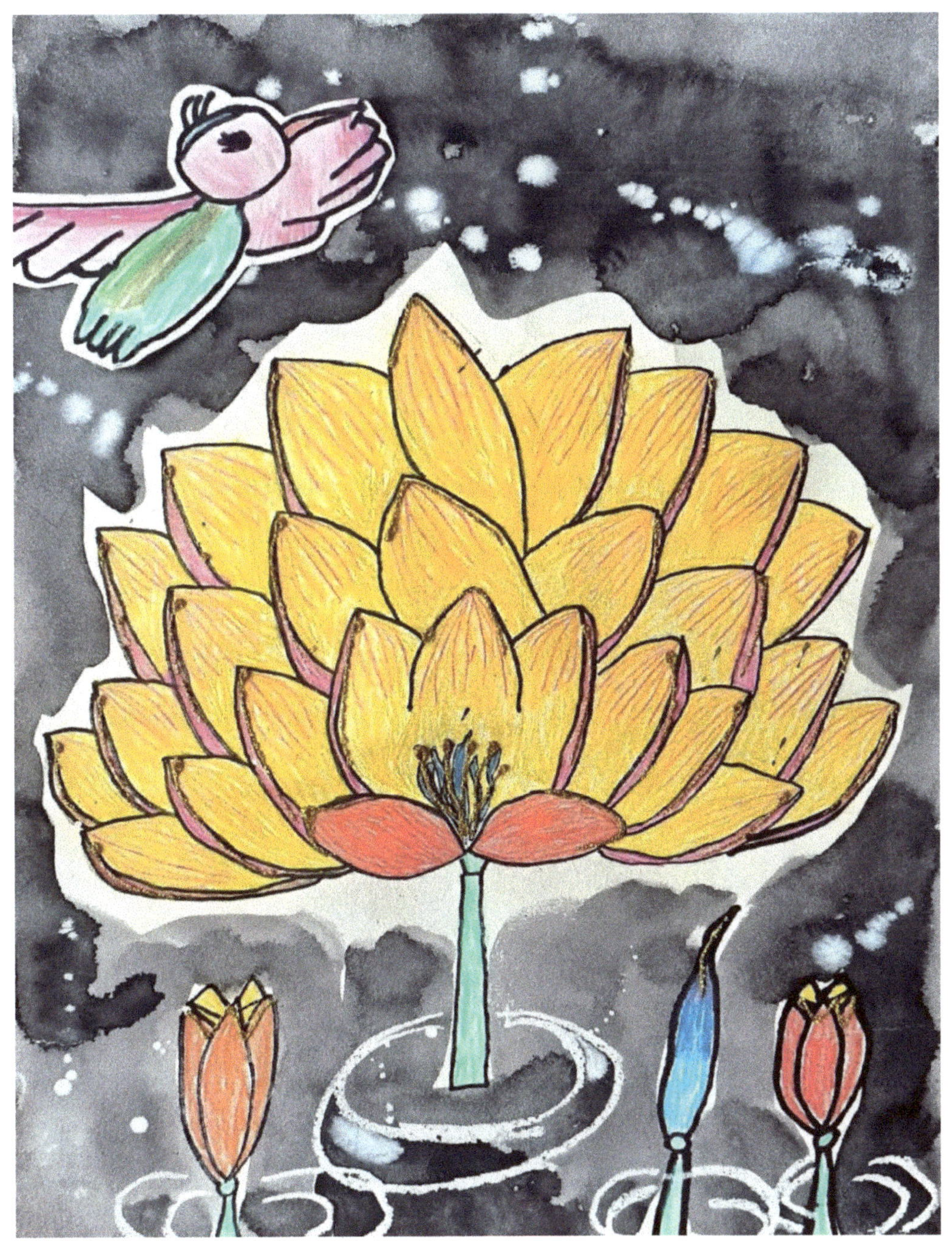

The little bird asks: "It's raining, Sister Lotus. Can you protect me from the rain?"

Le petit oiseau dit, il pleut, Sœur Lotus, peux-tu me laisser m'abriter de la pluie ?

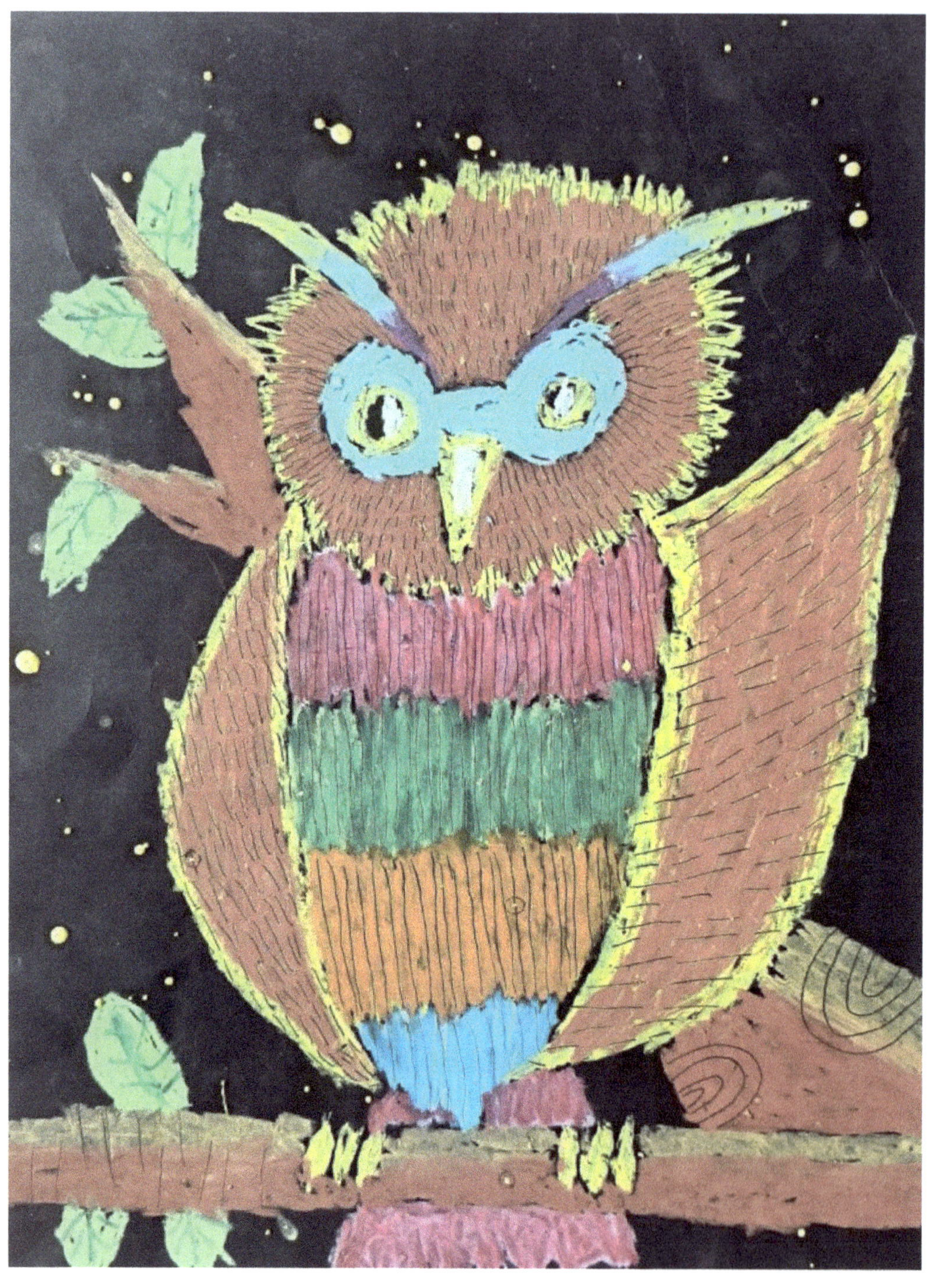

今晚的森林很安静。

The forest is quiet tonight.

La forêt est très calme ce soir.

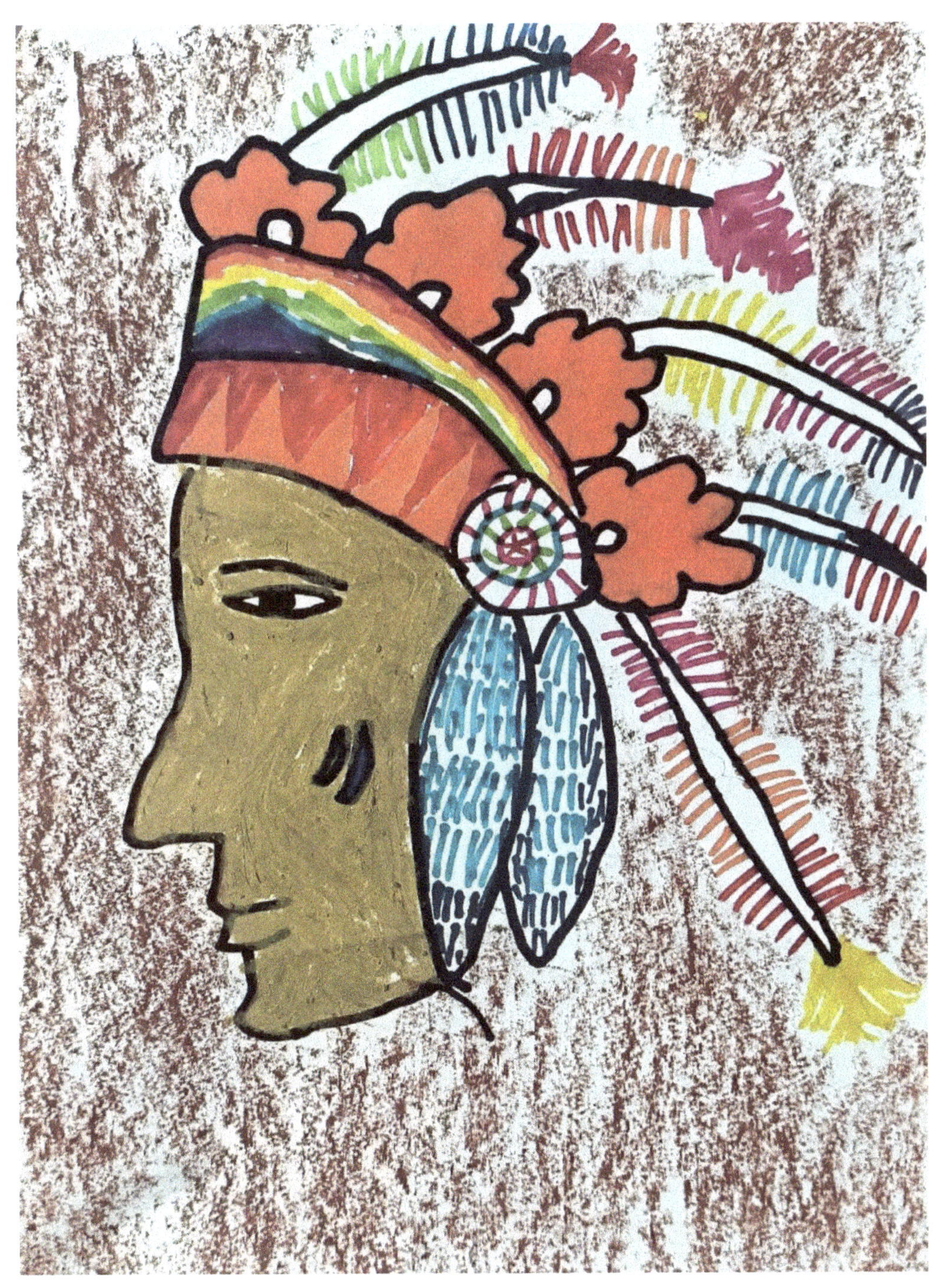

彩色的羽毛是印第
安姑娘的最爱。

Colorful feathers
are the favorite of
native American girls.

Les plumes
colorées sont les
préférées des filles
des Premières Nations.

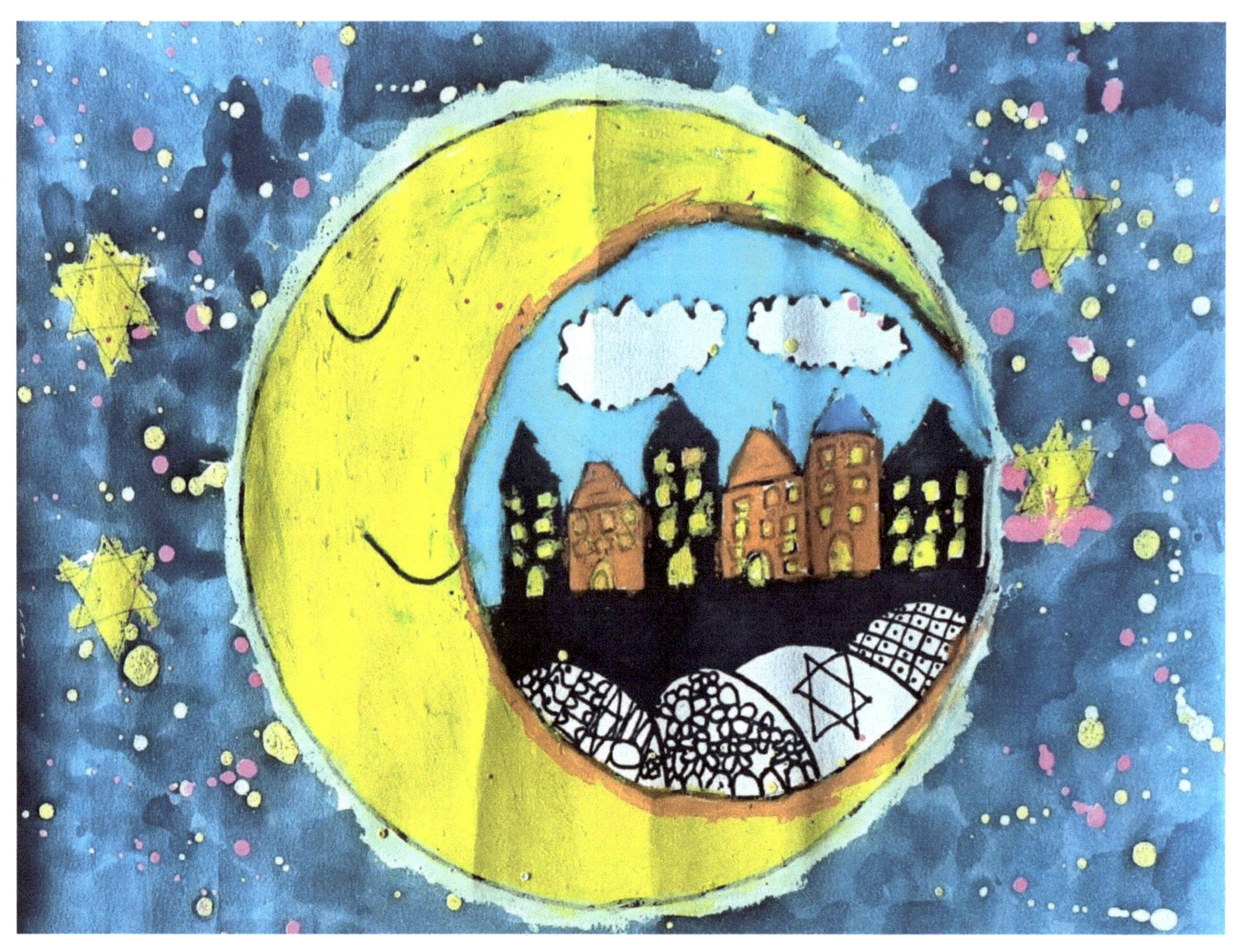

谁说月亮不睡觉？

Who said the moon never sleeps?

Qui a dit que la lune ne dormait jamais ?

给猫头鹰送去彩色的蒲公英，阿嚏！它被风中的种子弄痒了鼻子！

Wind sends colorful dandelions to the owl. But "Achoo!" They itch the owl's nose withtheir seeds!

Envoyez des pissenlits colorés à la chouette, éternuez ! Son nez était chatouillé par les graines au vent !

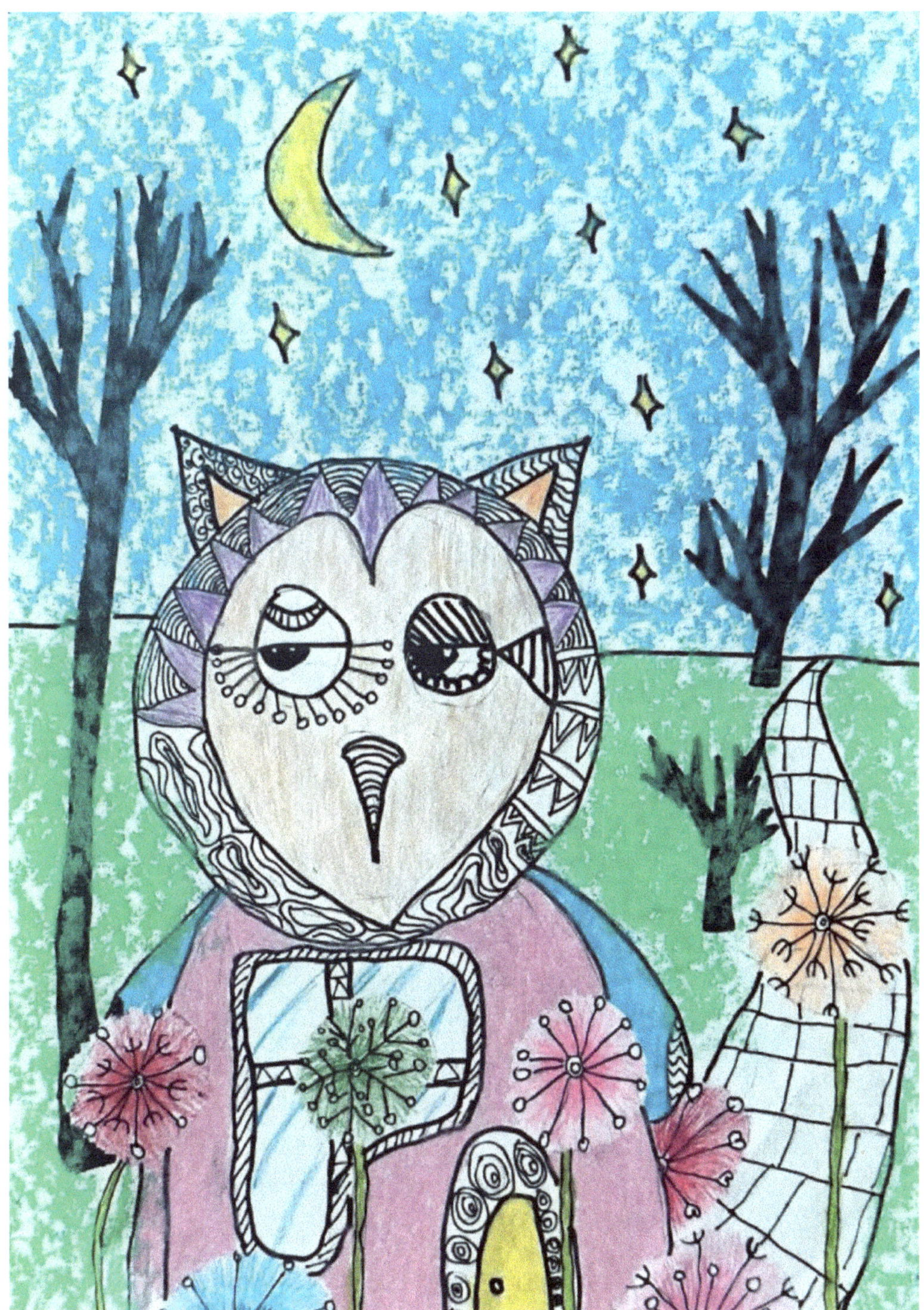

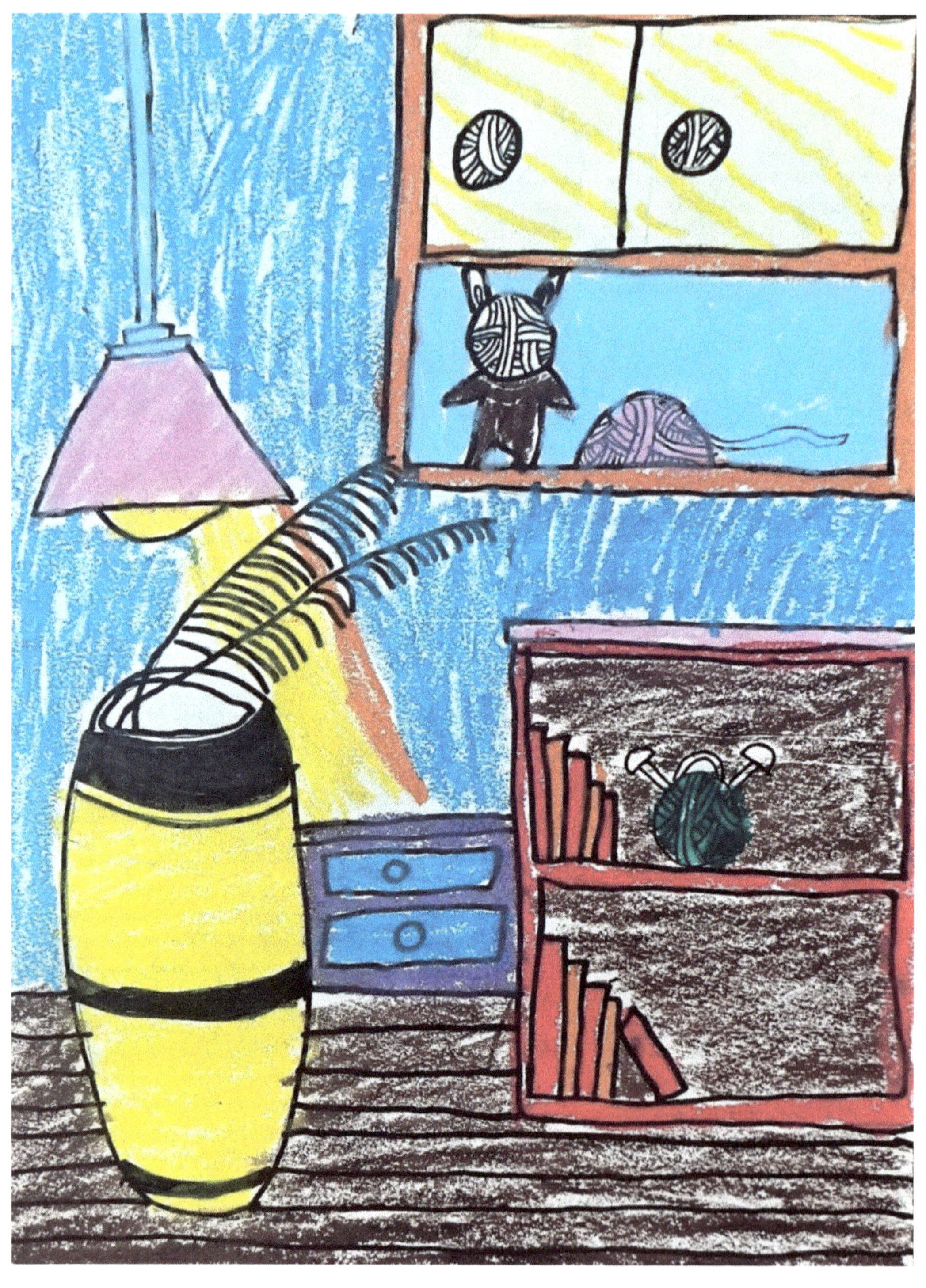

大人的毛线团，
是孩子们的好玩伴！

Adults' yarn
balls are fun toys
for children!

Les pelotes de
laine pour adultes
sont de bons
compagnons de jeu
pour les enfants !

美味的蘑菇是蚂蚁过冬的好东西。

Delicious mushrooms are a good food for ants to winter on.

De délicieux champignons sont un bon moyen pour les fourmis de survivre à l'hiver.

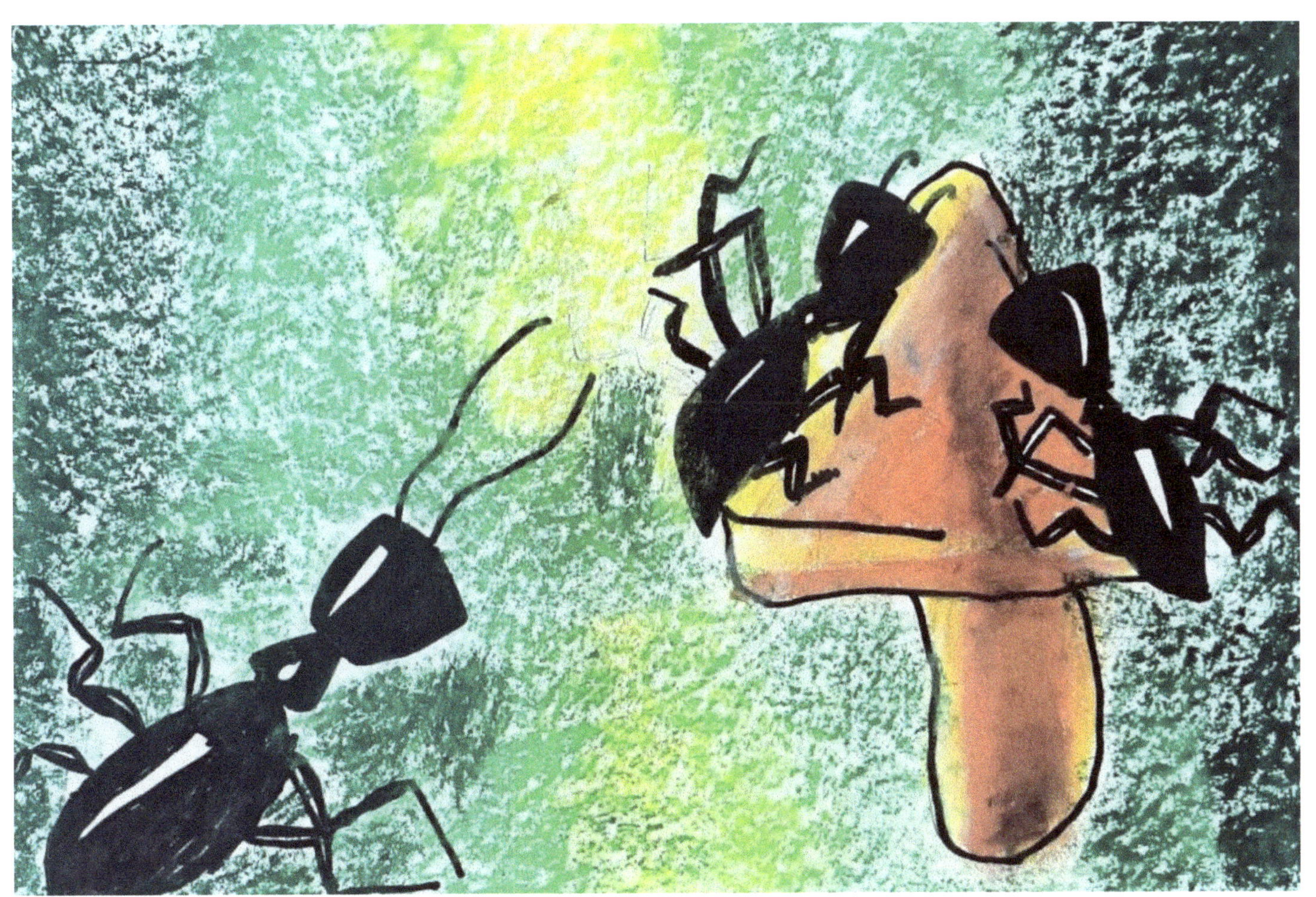

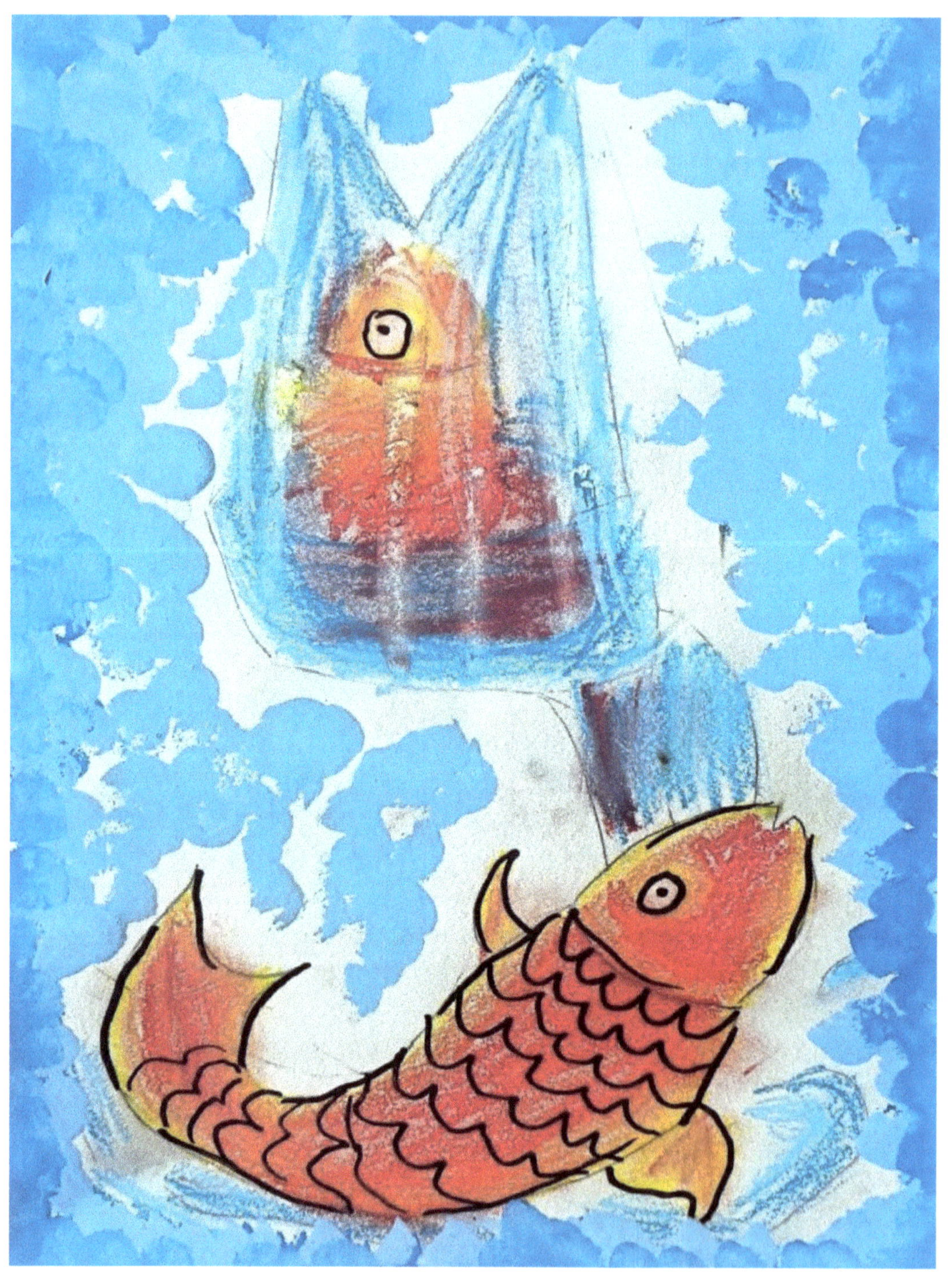

"我为什么要吃
鱼钩上的蚯蚓？"

"Why did I
have to eat the
earthworm on the
hook? "

"Pourquoi
devrais-je manger
des vers de terre
avec un hameçon ?"

莲花一夜之间开了。

The lotus flower bloomed overnight.

Le lotus a fleuri pendant la nuit.

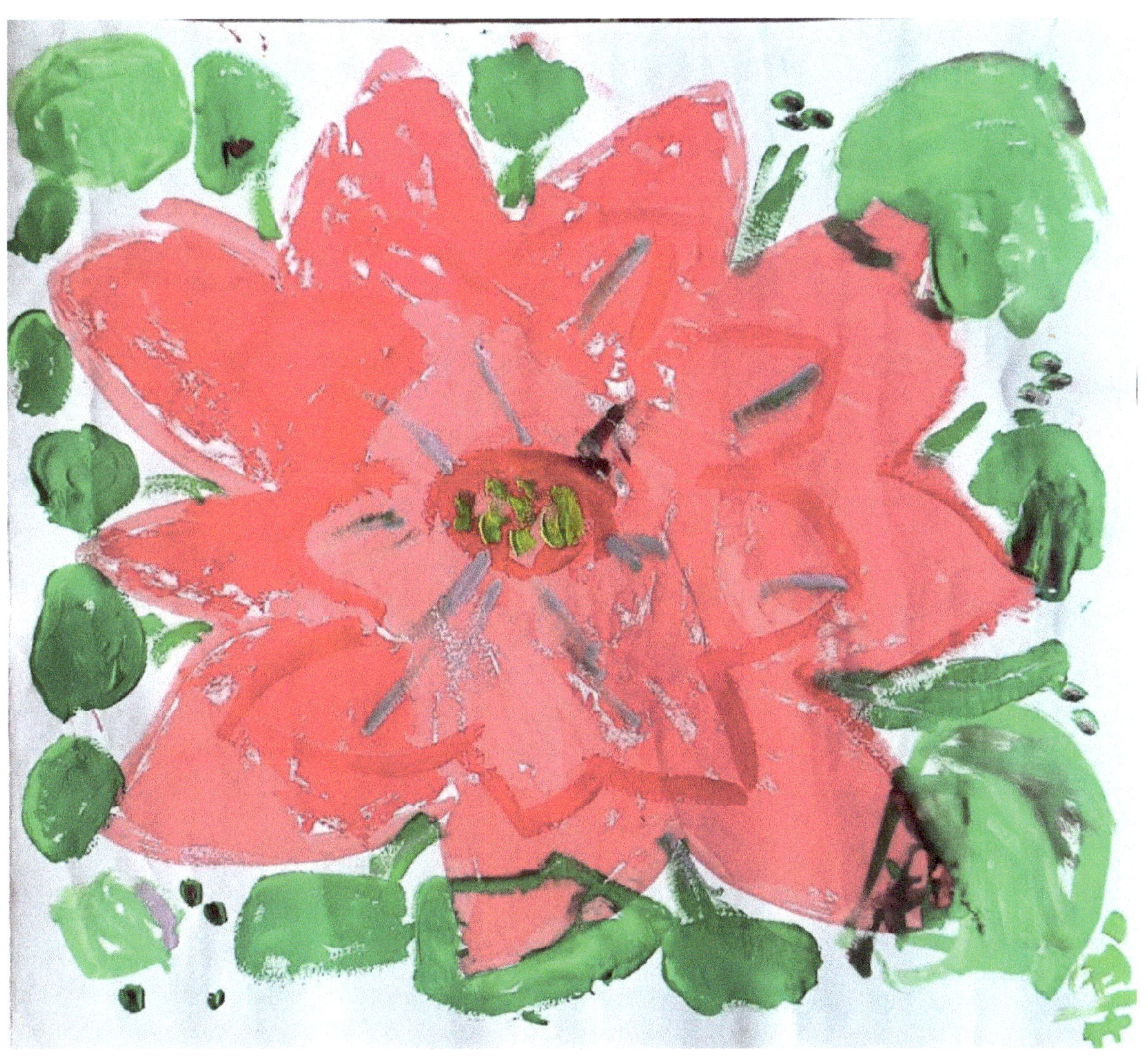

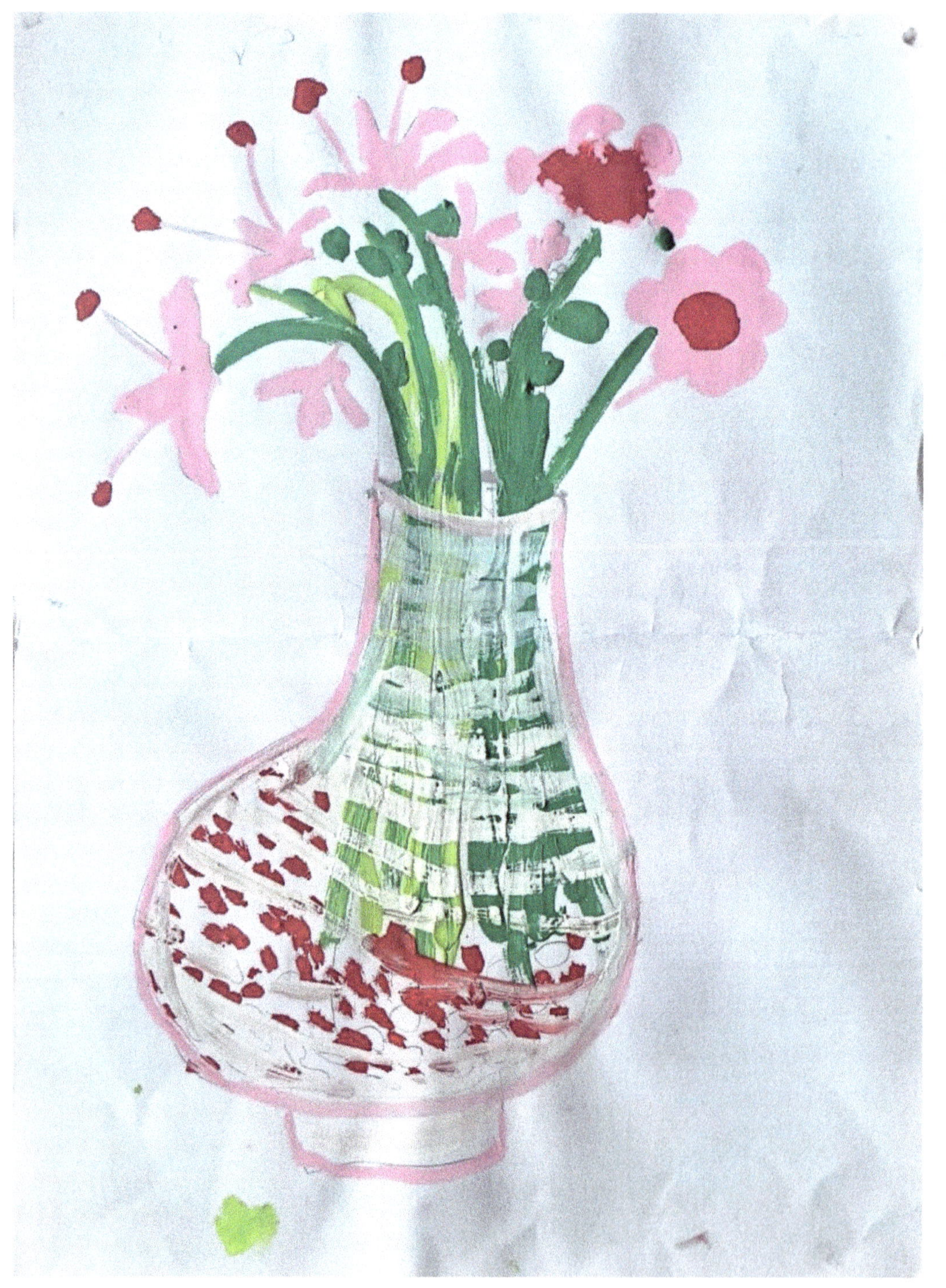

母亲节快乐！

Happy Mother's Day!

Bonne fête des mères !

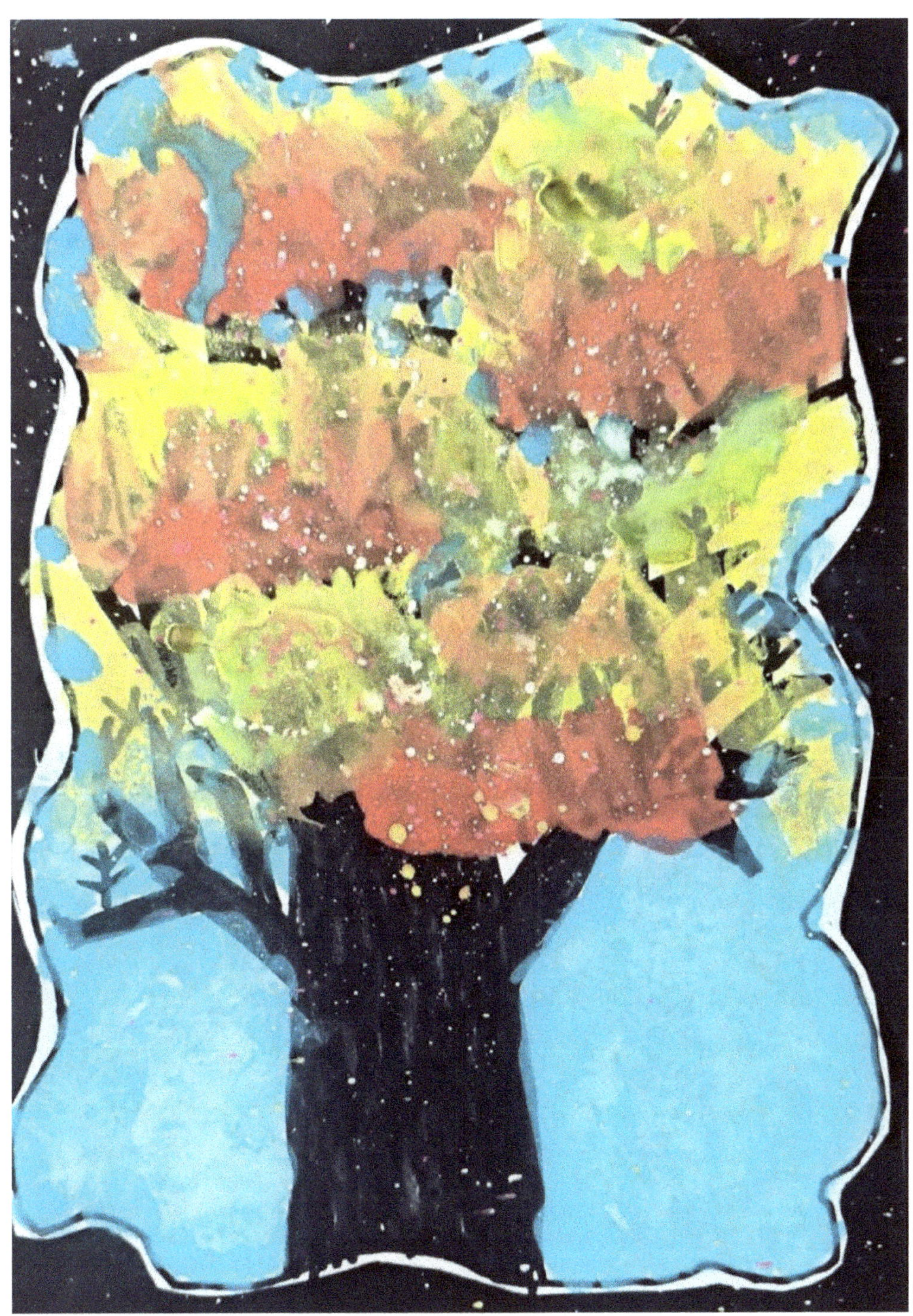

冰雨来了！

Here comes the ice rain!

La pluie glaciaire arrive !

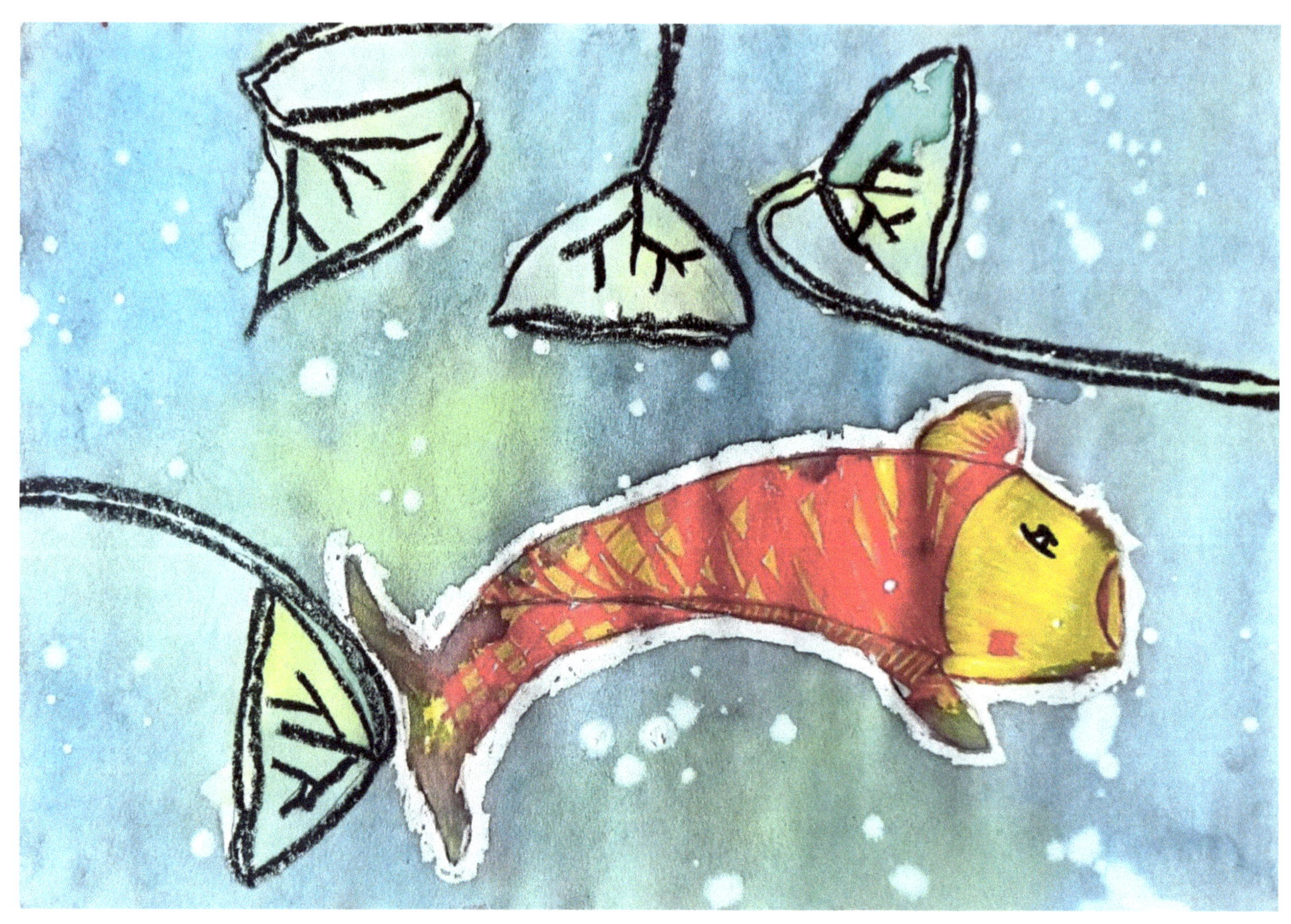

向锦鲤许个愿吧！

Make a wish on the koi fish!

Faites un vœu au koi !

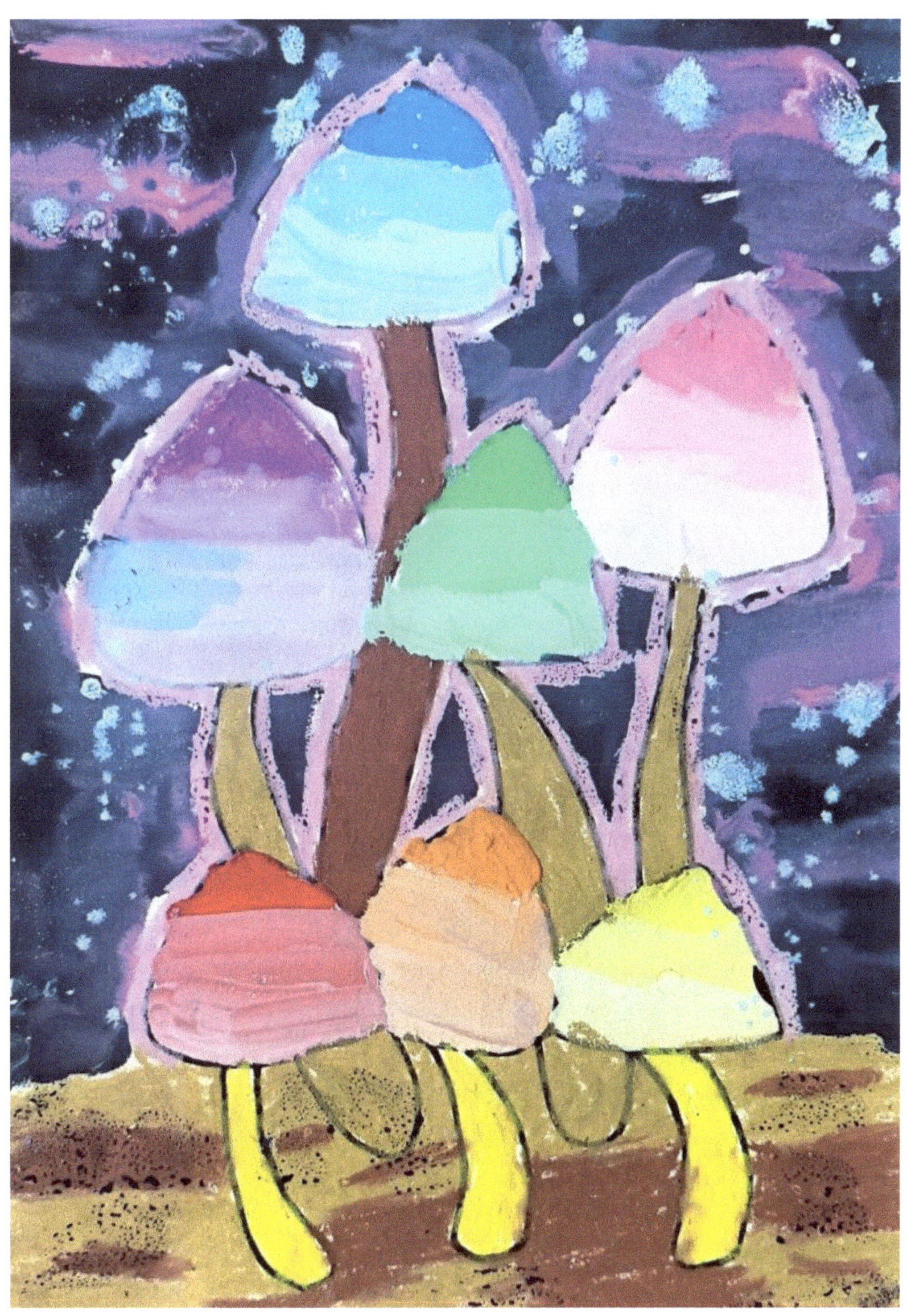

紫色的蘑菇可有
剧毒哦！

Purple
mushrooms can be
extremely poisonous!

Les
champignons violets
sont très toxiques !

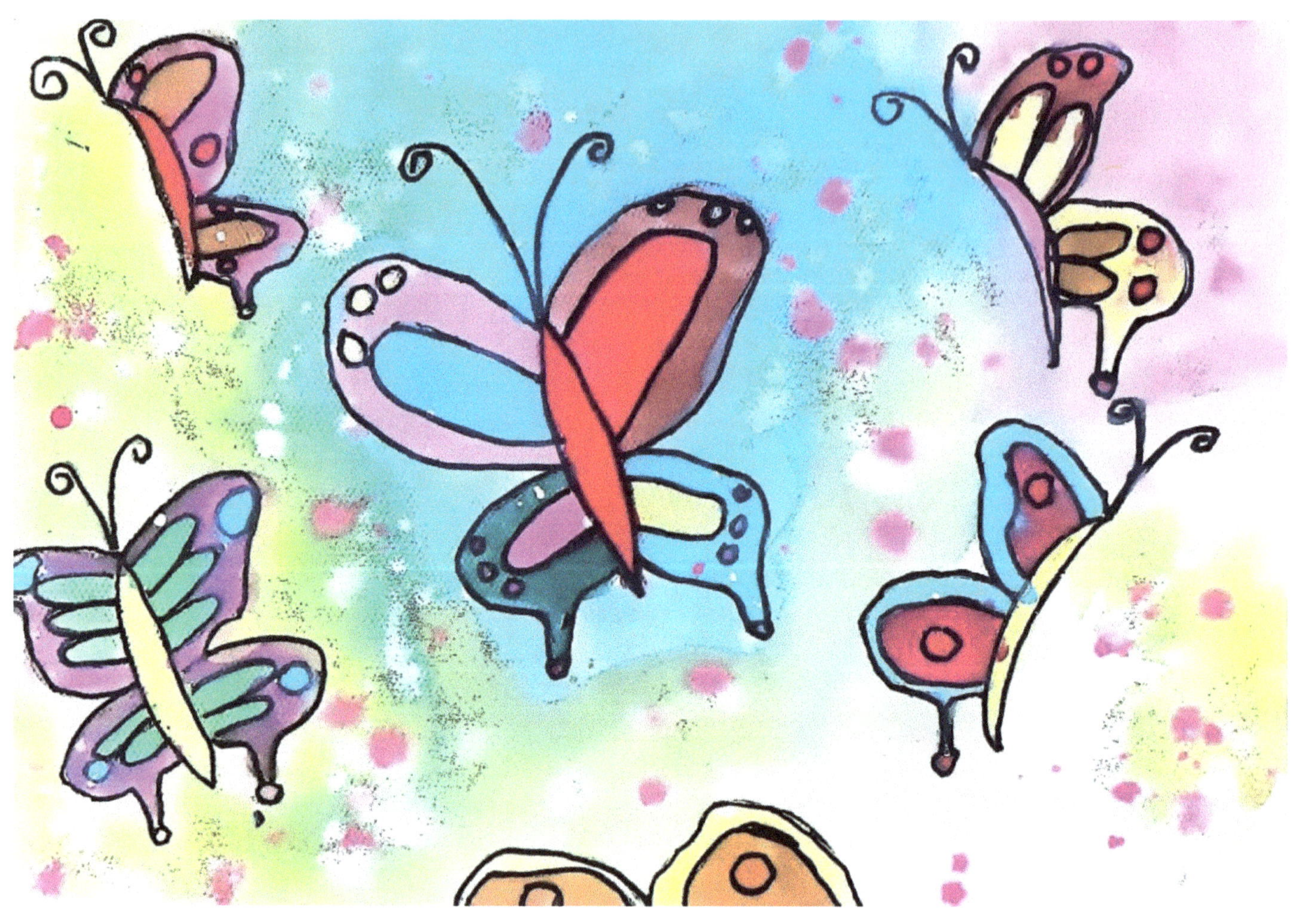

我用蝴蝶治愈了一个又一个阴天。

With butterflies, I have cured one cloudy day after another .

J'ai utilisé des papillons pour guérir un jour nuageux après l'autre.

妈妈，我长大了，我属于整个天空。

Mom, I've grown up and I belong to the whole sky.

Maman, j'ai grandi et j'appartiens au ciel tout entier.

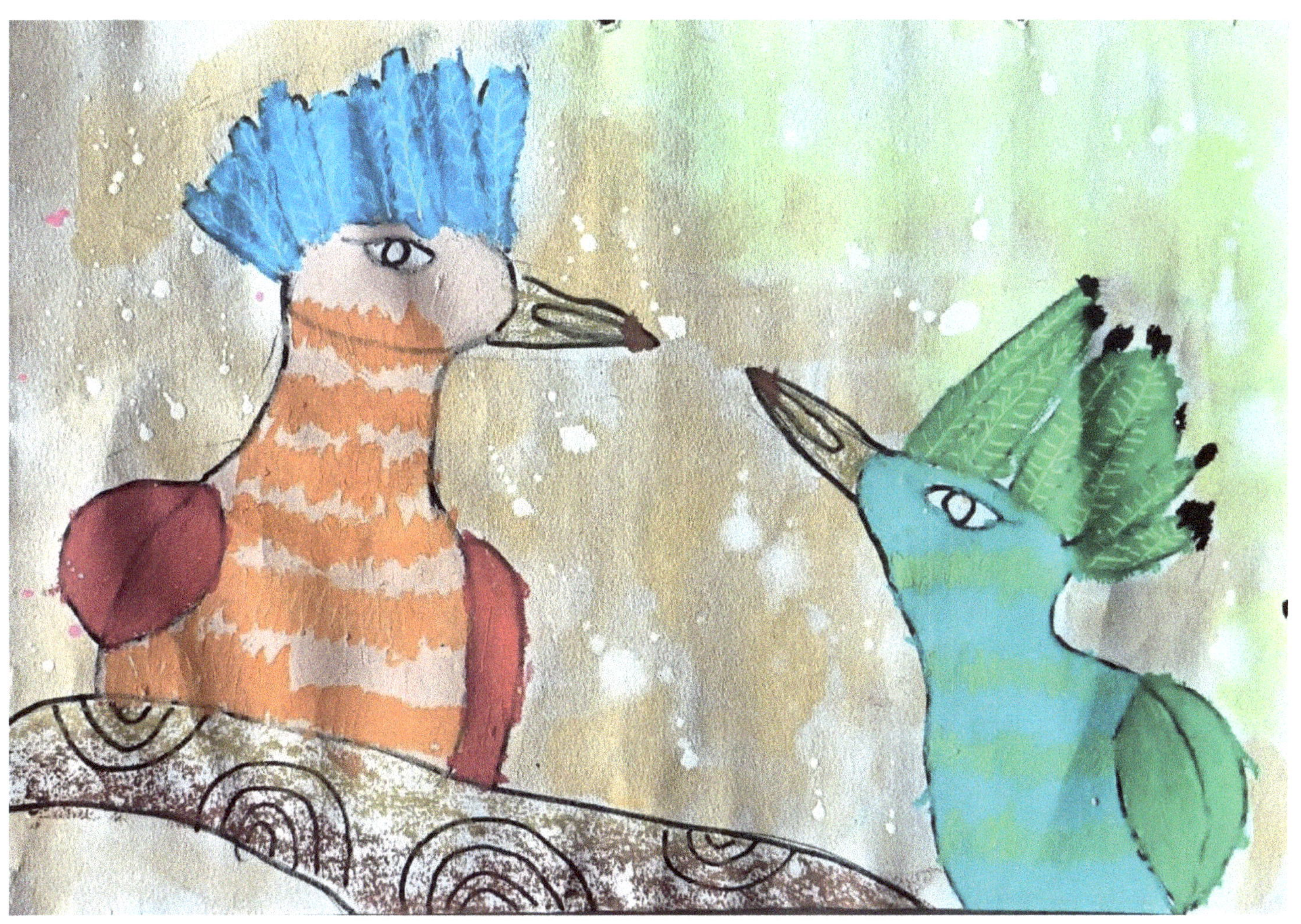

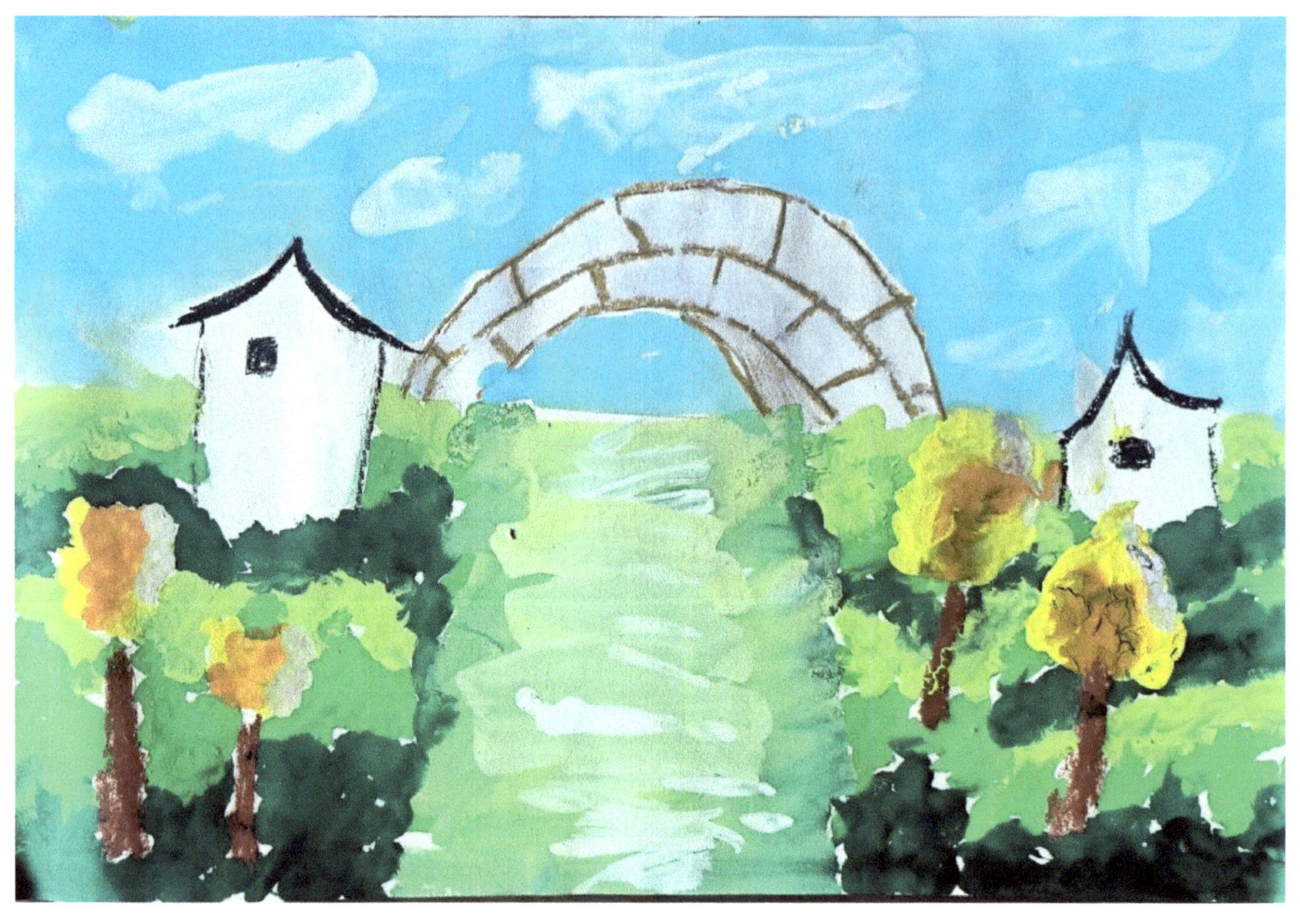

苏州的黑屋檐，白砖墙是让我最放松的地方！

Suzhou's black eaves and white brick walls, this is the most relaxing place for me!

Les avant-toits noirs et les murs de briques blanches de Suzhou sont l'endroit le plus relaxant pour moi !

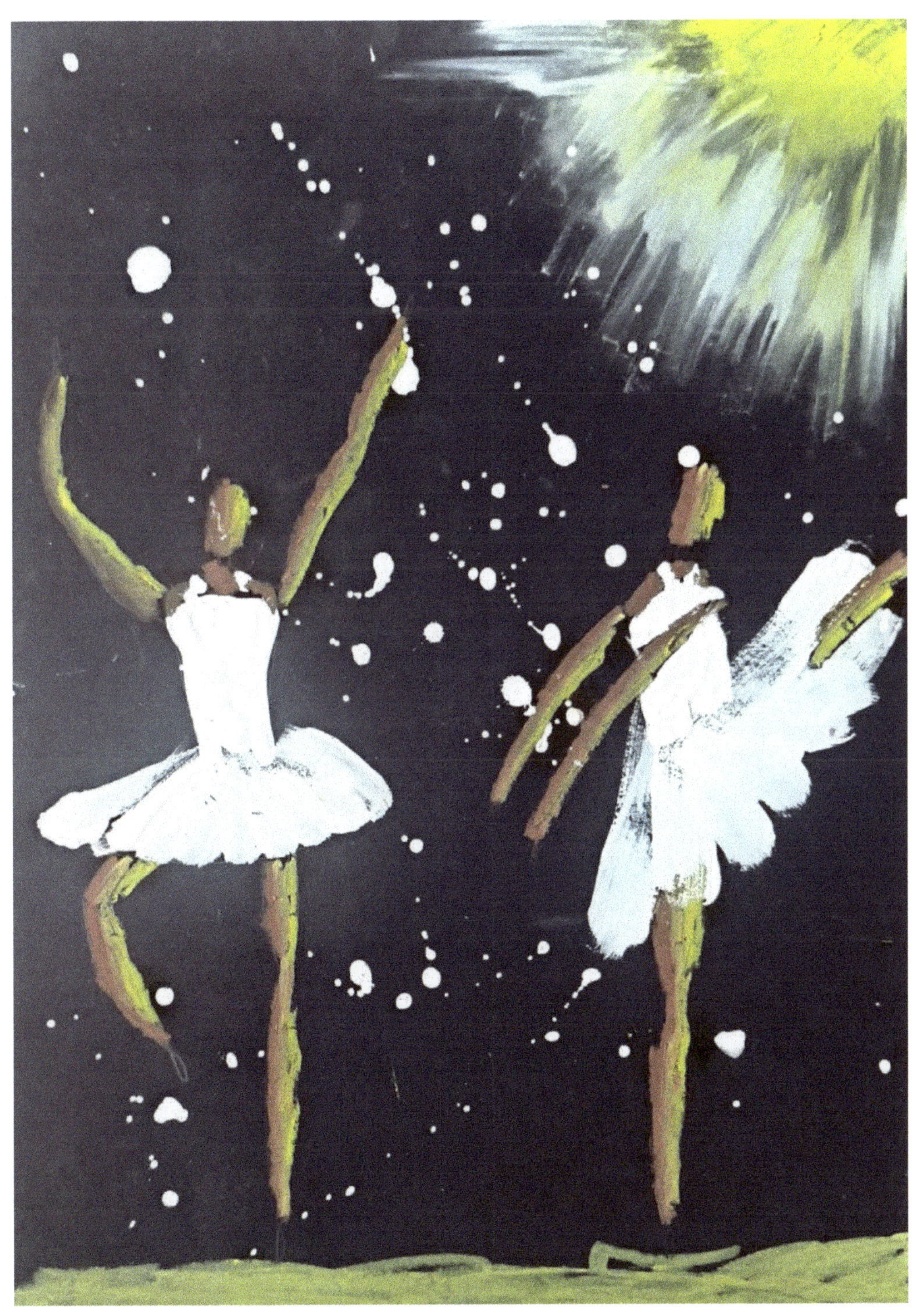

据说世界上第一个音
乐盒献给了芭蕾舞者。

I heard that the
world's first music box
was dedicated to ballet
dancers.

On dit que la
première boîte à
musique au monde était
dédiée aux danseurs de
ballet.

爱丽丝梦游仙境
的兔先生总是那么矫
捷。

Mr. Rabbit from
Alice's Adventures
in Wonderland is
always so agile.

M. Lapin dans
Alice au pays des
merveilles est
toujours aussi agile.

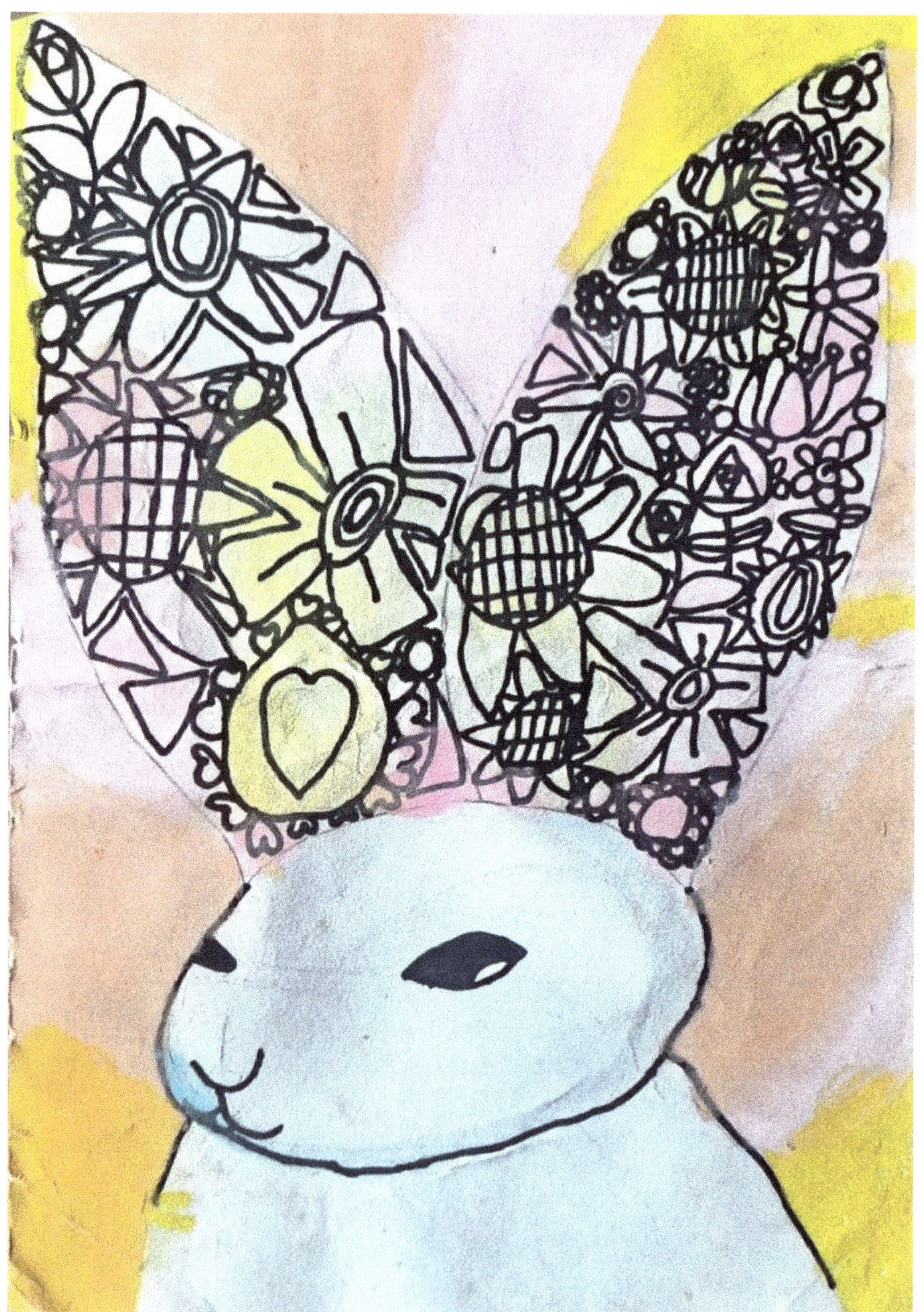

知道吗？ 白孔雀是孔雀世界里的大帅哥哦！

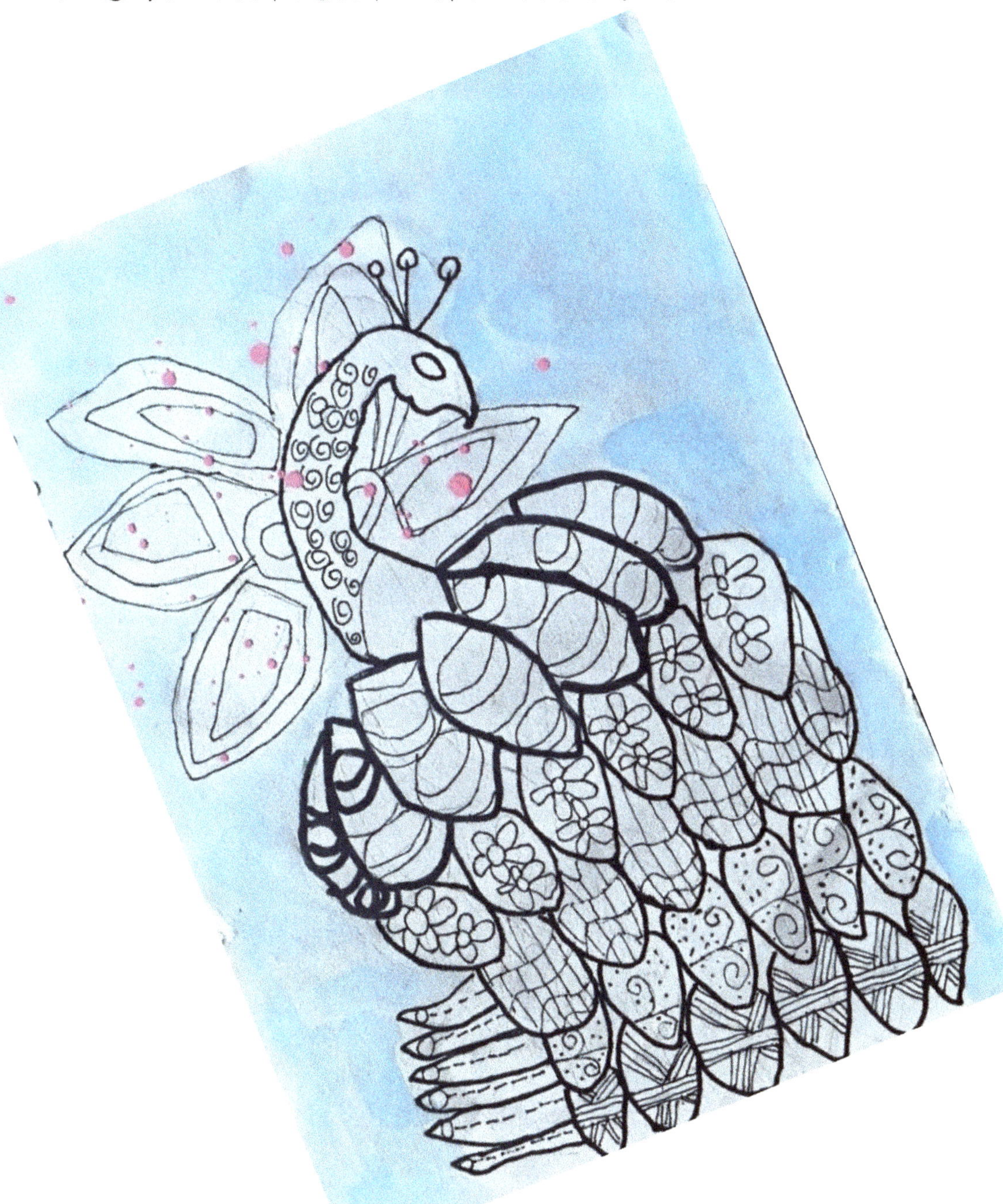

Did you know?
The white Peacock is the most handsome guy among peacocks!

Le savez-vous ?
Le paon blanc est le plus beau mec parmi les paons !

香蕉共有一千多种，而人类只吃一种。

There are over a thousand types of bananas, but humans only eat one.

Il existe
plus d'un millier
de variétés de
bananes, mais les
humains n'en
mangent qu'une
seule.

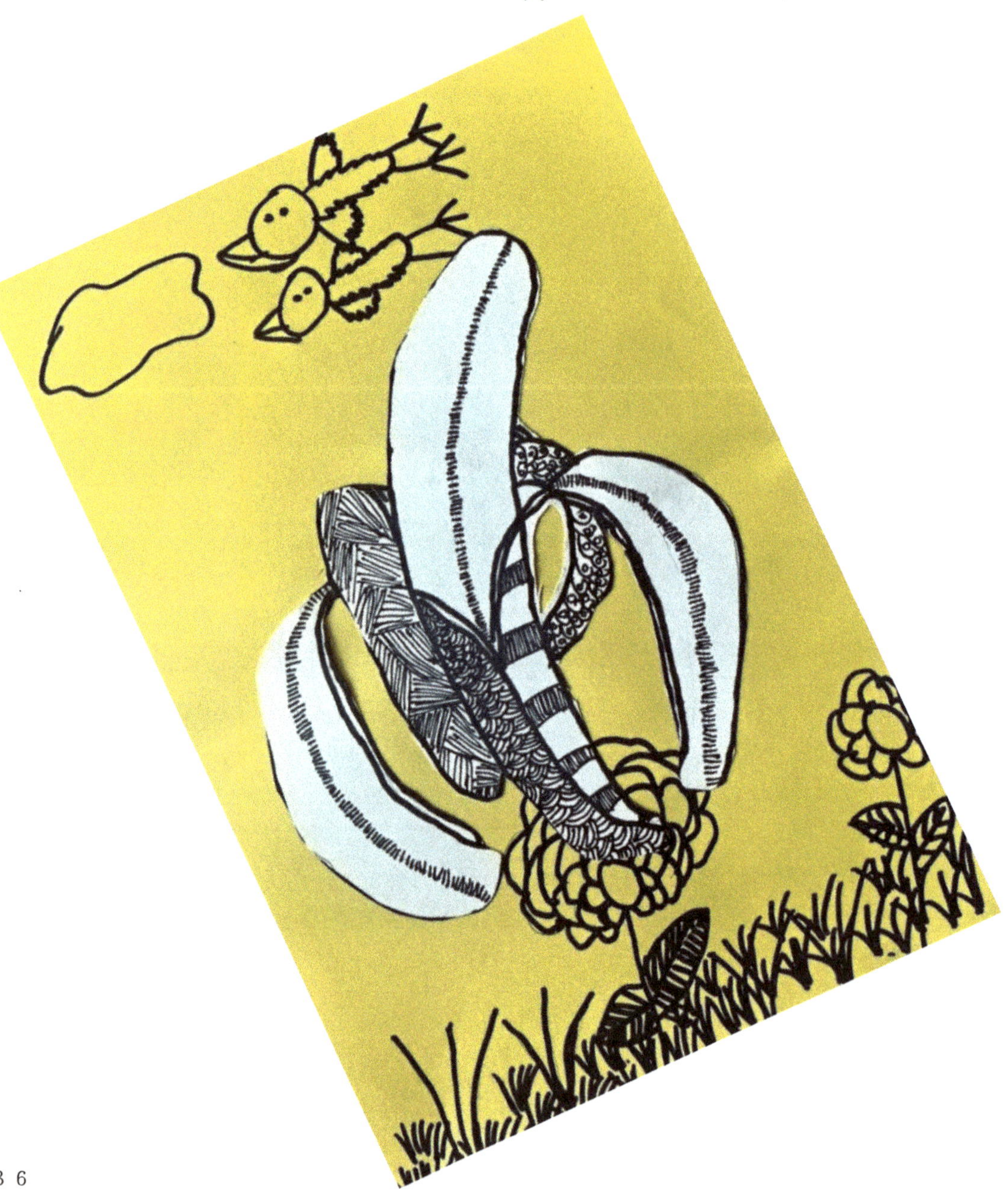

盛装

All dressed up

Bien habillé

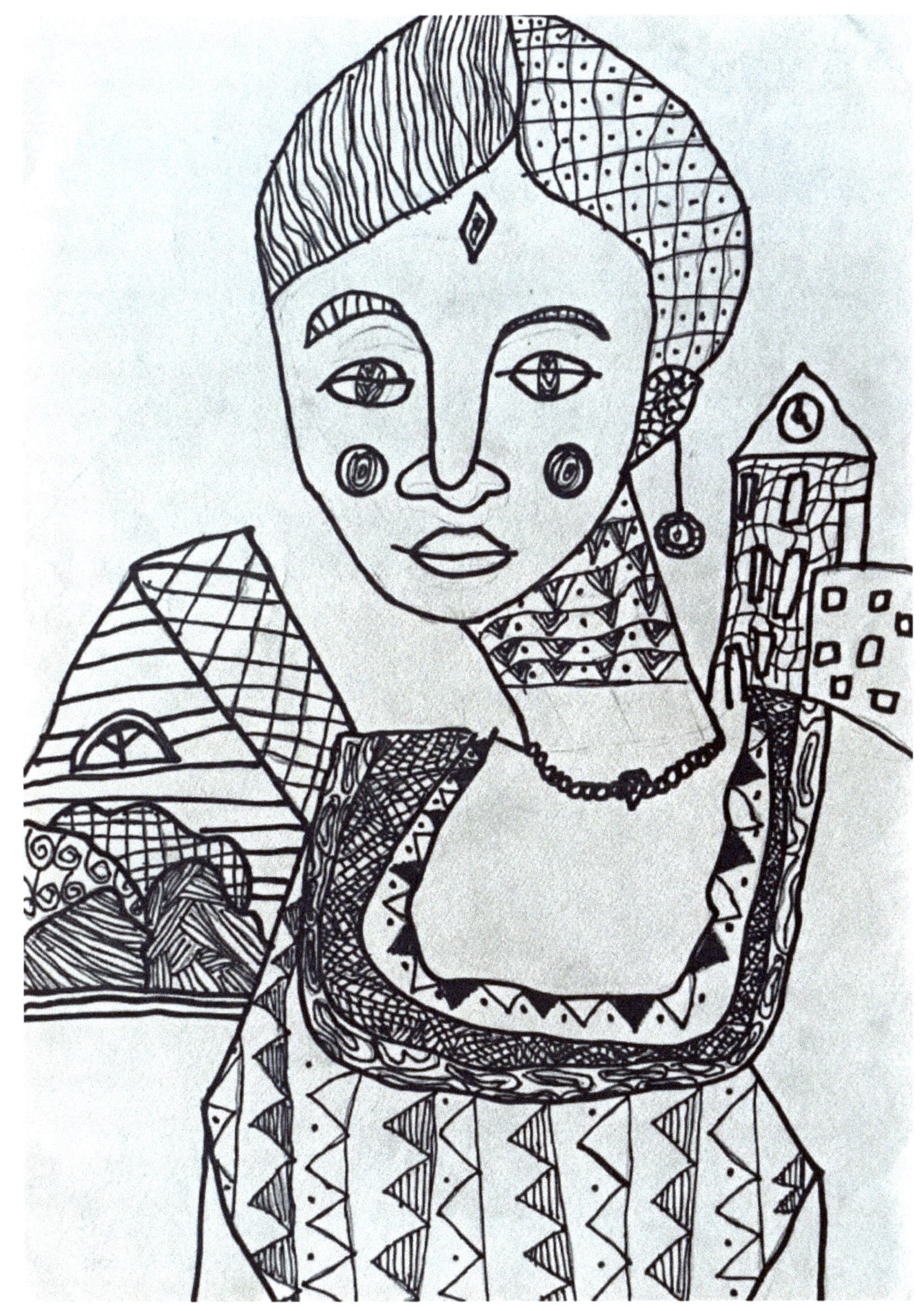

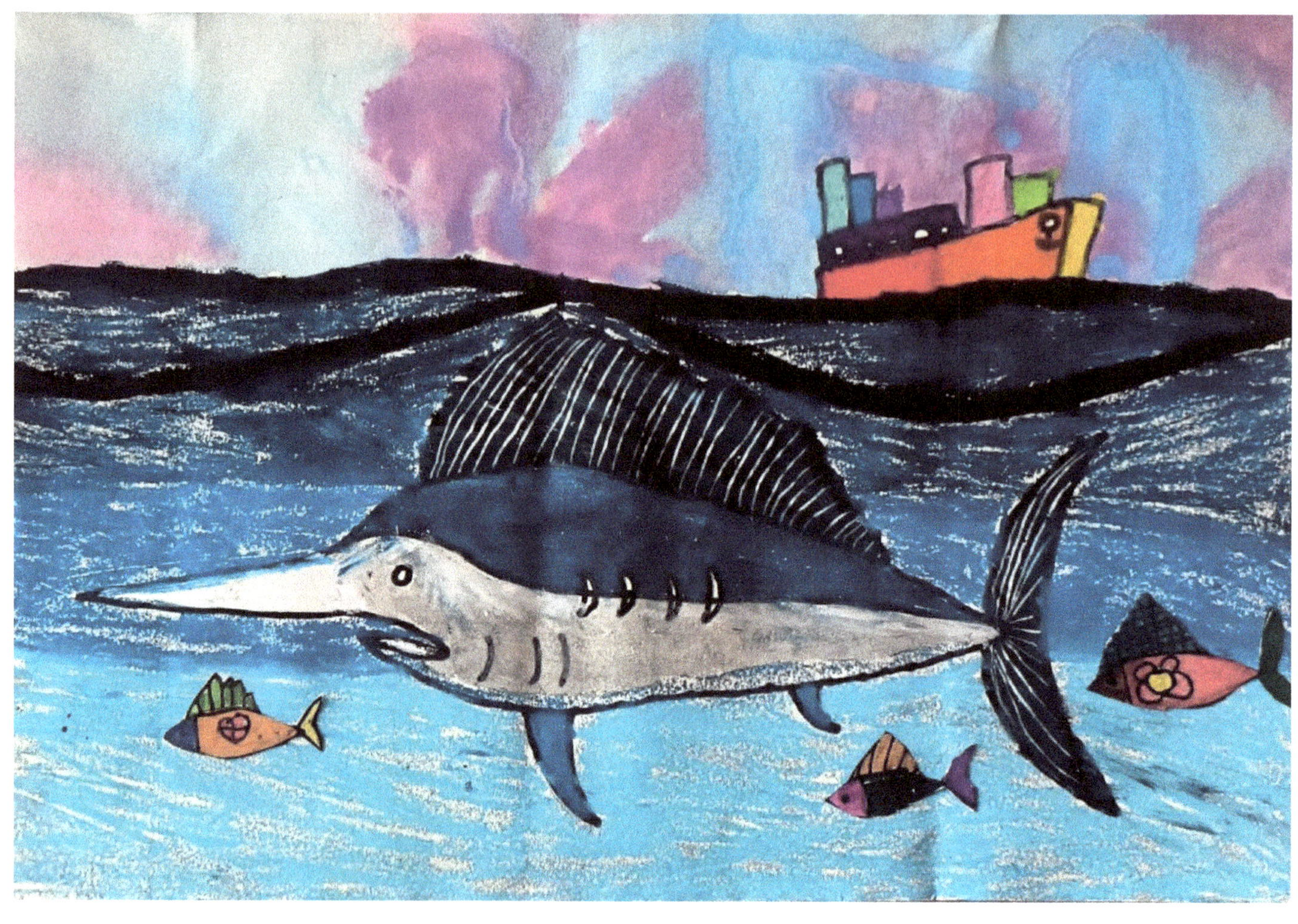

不能呼吸，要鼻子干嘛？

Why have a nose if you can't breathe?

Si vous ne pouvez pas respirer, pourquoi avez-vous besoin d'un nez ?

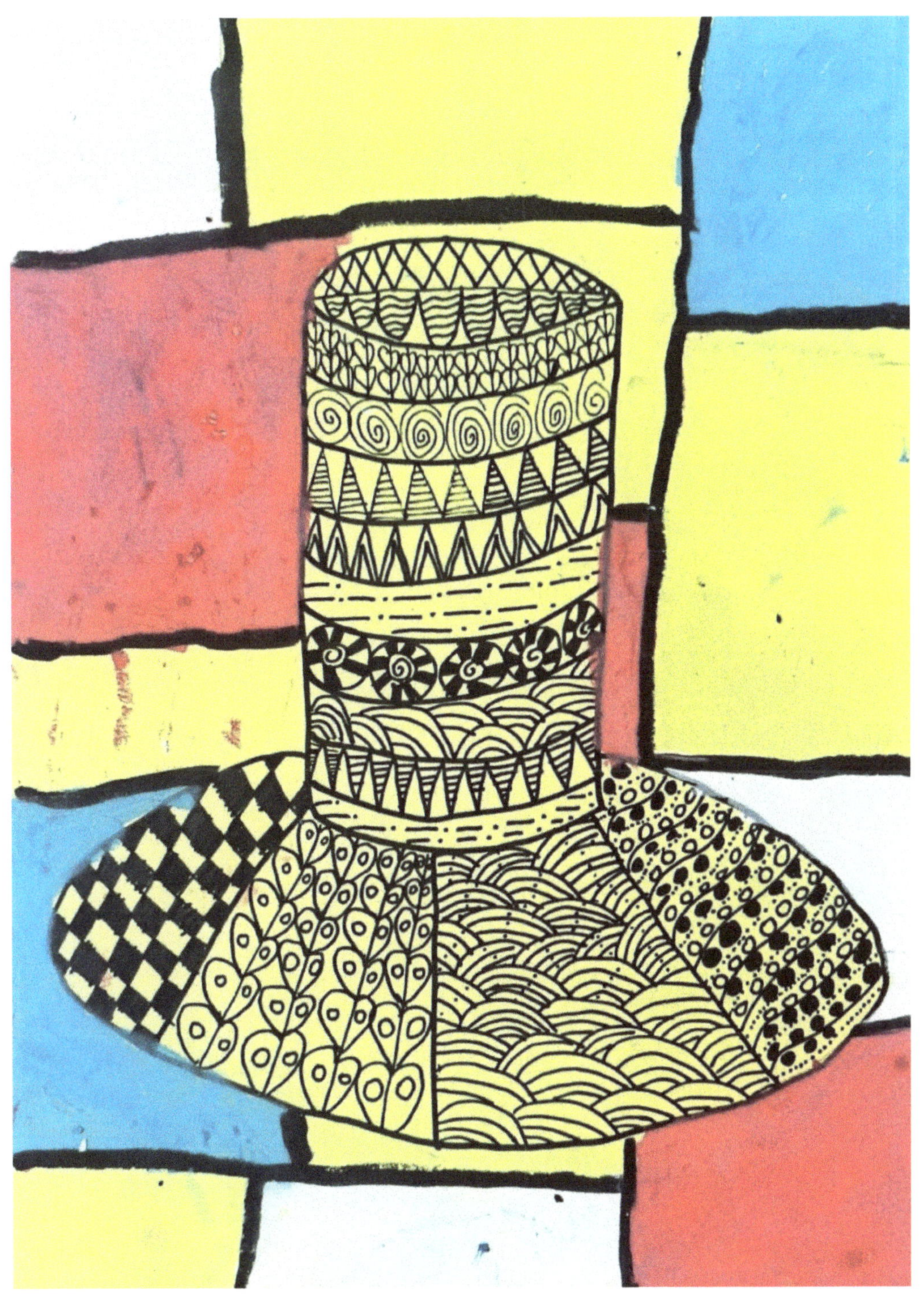

魔术师的帽子是
世界上最神秘的。

The magician's
hat is the most
mysterious prop.

Le chapeau du
magicien est
l'accessoire le plus
mystérieux.

京剧可是了不起的
功夫！

Peking Opera
contains many amazing
skills!

L'Opéra de Pékin
est une compétence
incroyable !

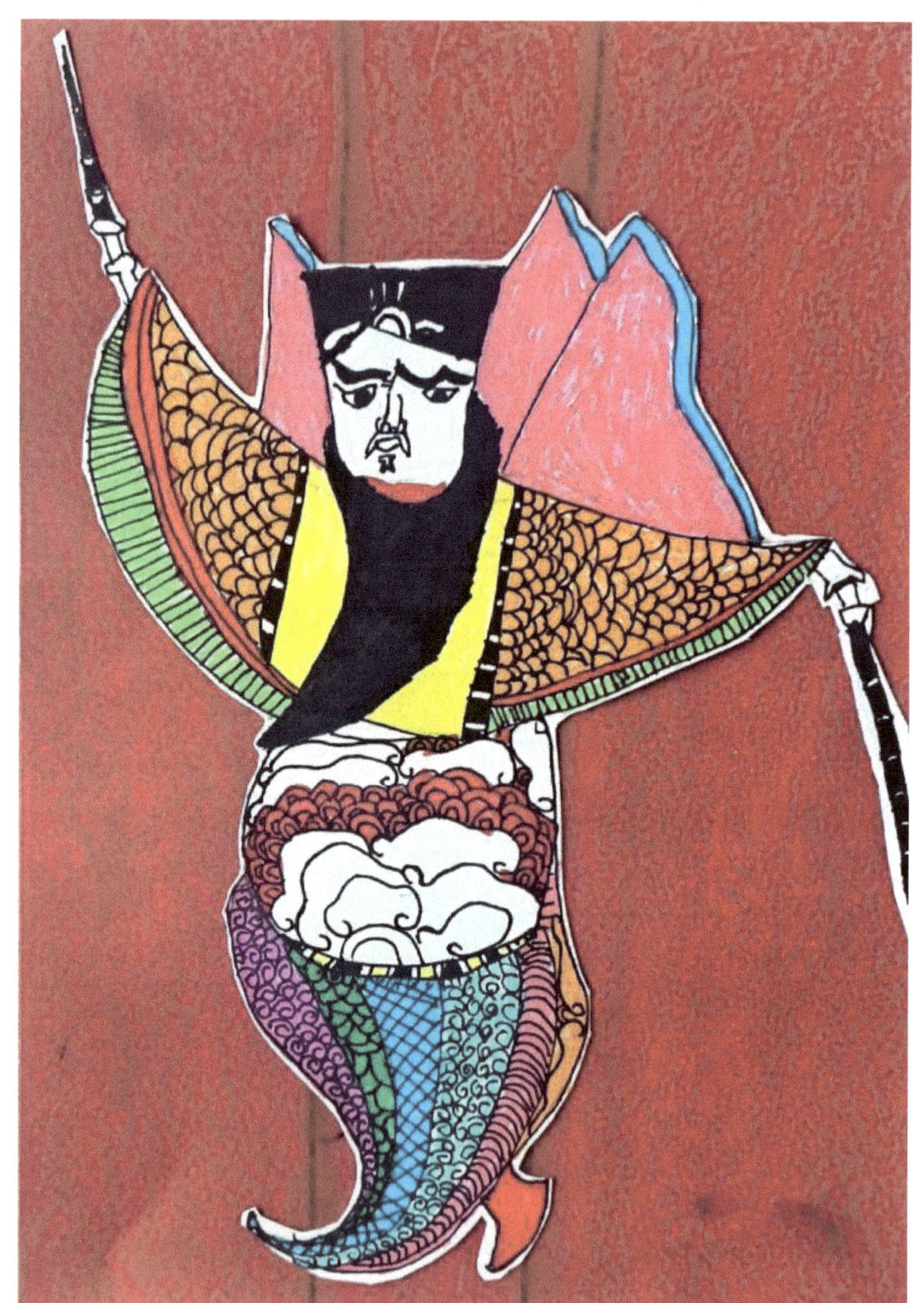

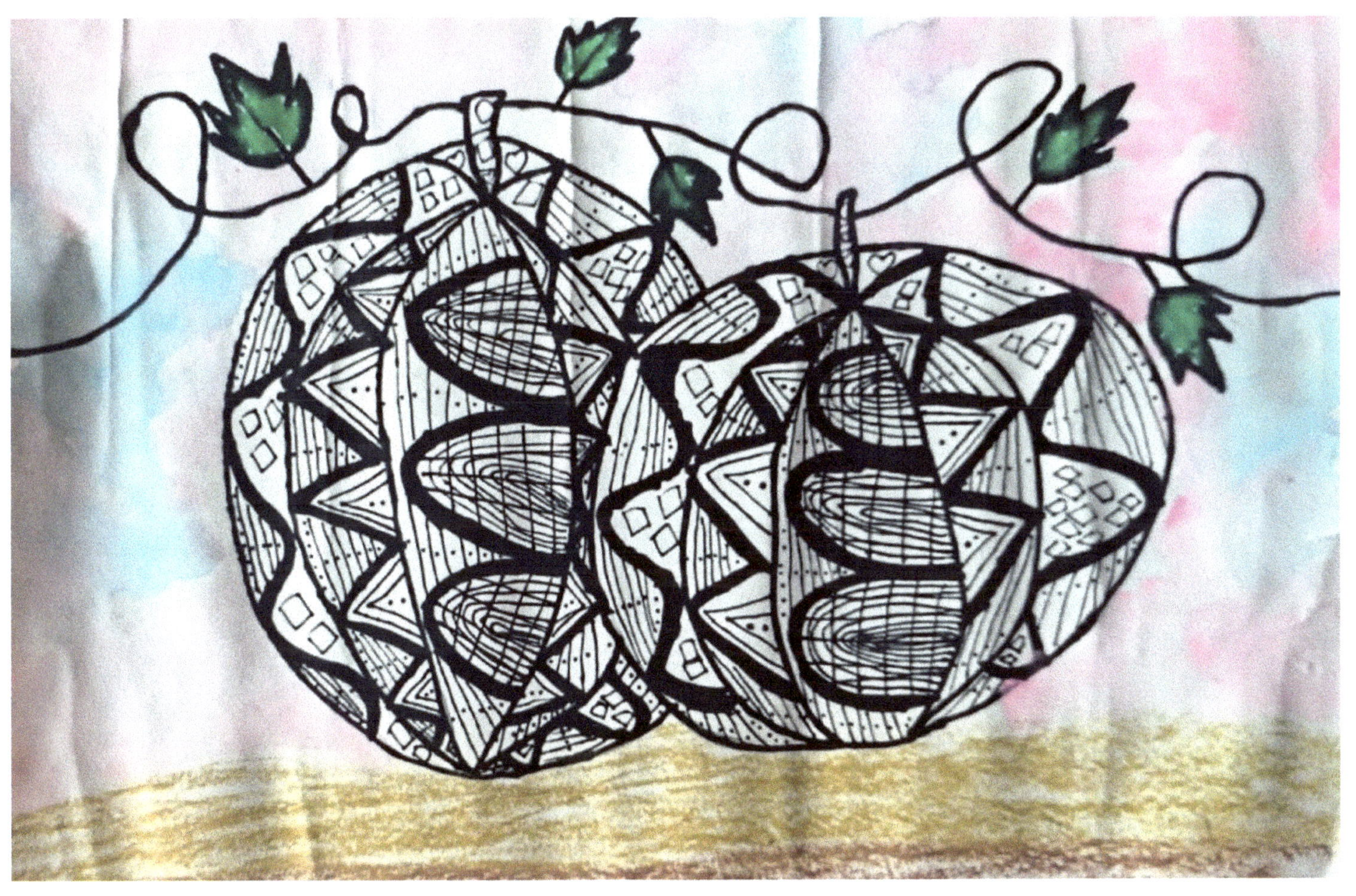

如果气温过低，西瓜就会变白。

If temperatures are too low, watermelons will turn white.

Si la température est trop basse, la pastèque deviendra blanche.

如果世界变成黑白的，那会怎样？

What would happen if the world turned all black and white?

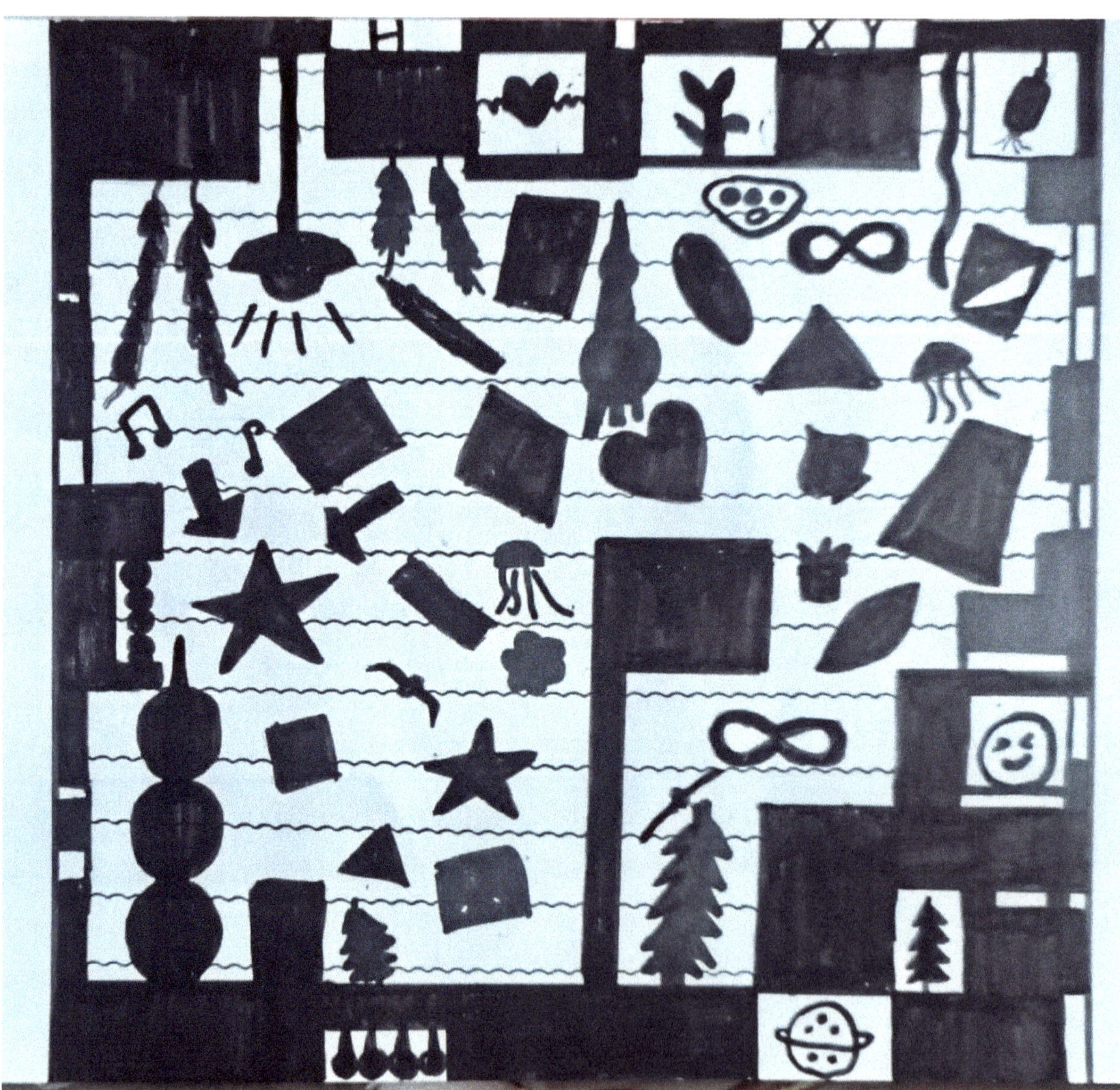

黄腹山雀是中国才有的小鸟哦！

The yellow bellied tit is a small bird found only in China!

La mésange à ventre jaune est un oiseau qu'on ne trouve qu'en Chine !

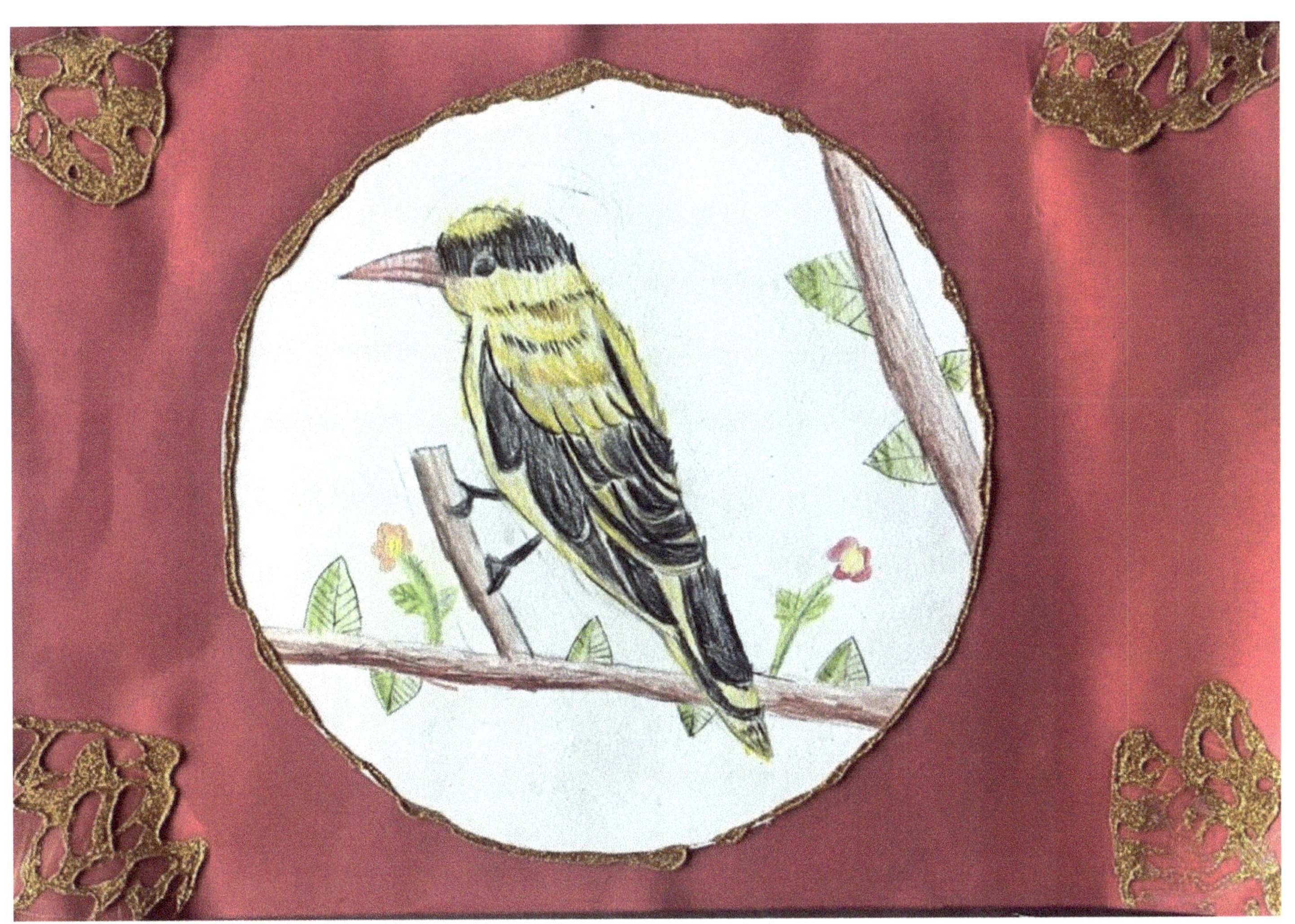

　　每个女孩都喜欢红裙子！

　　Every girl loves a red dress!

　　Toutes les filles aiment les robes rouges !

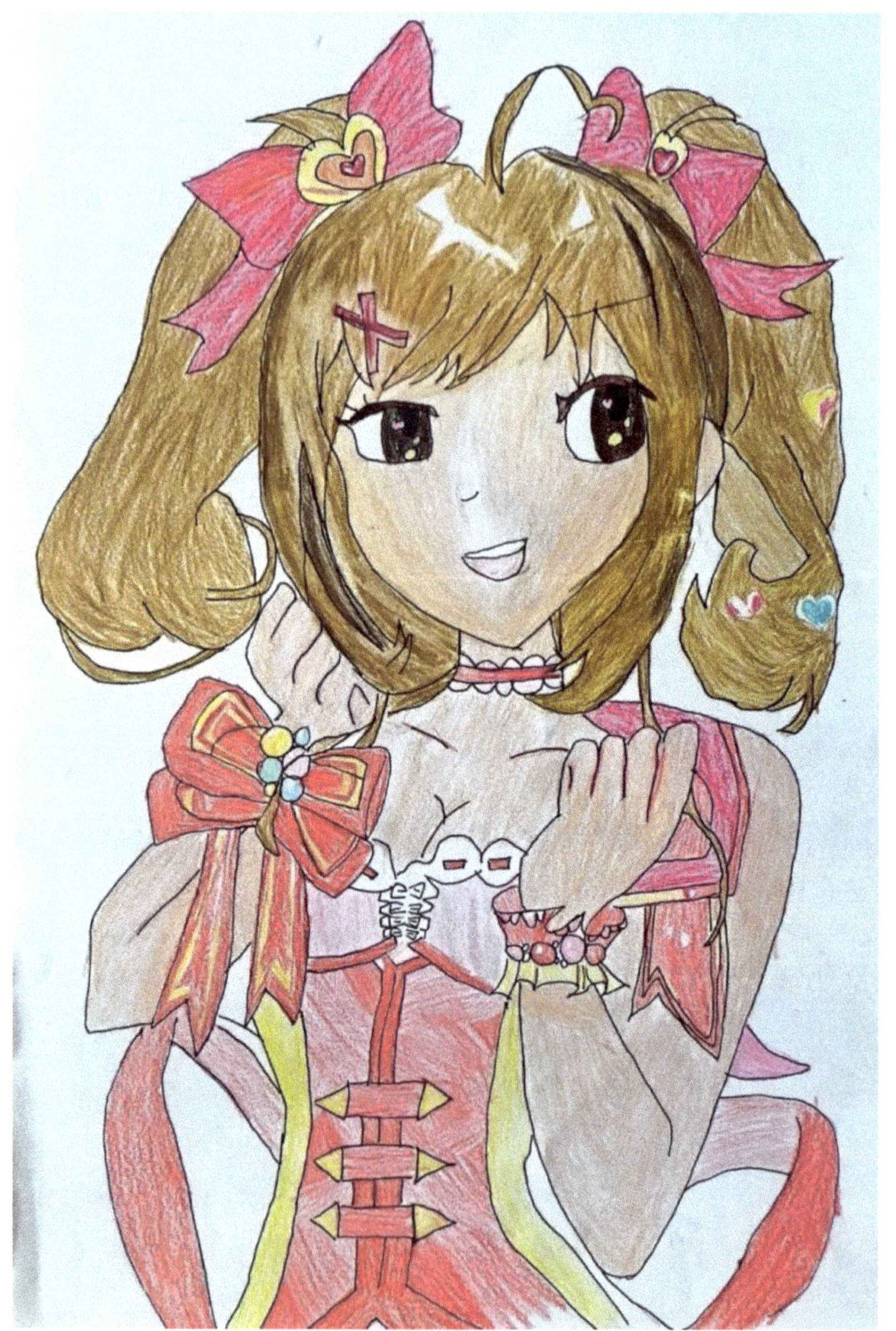

小猫咪最喜欢和人呆在一起啦！

Little cats just love to be cuddled !

Les chatons aiment le plus être avec les gens !

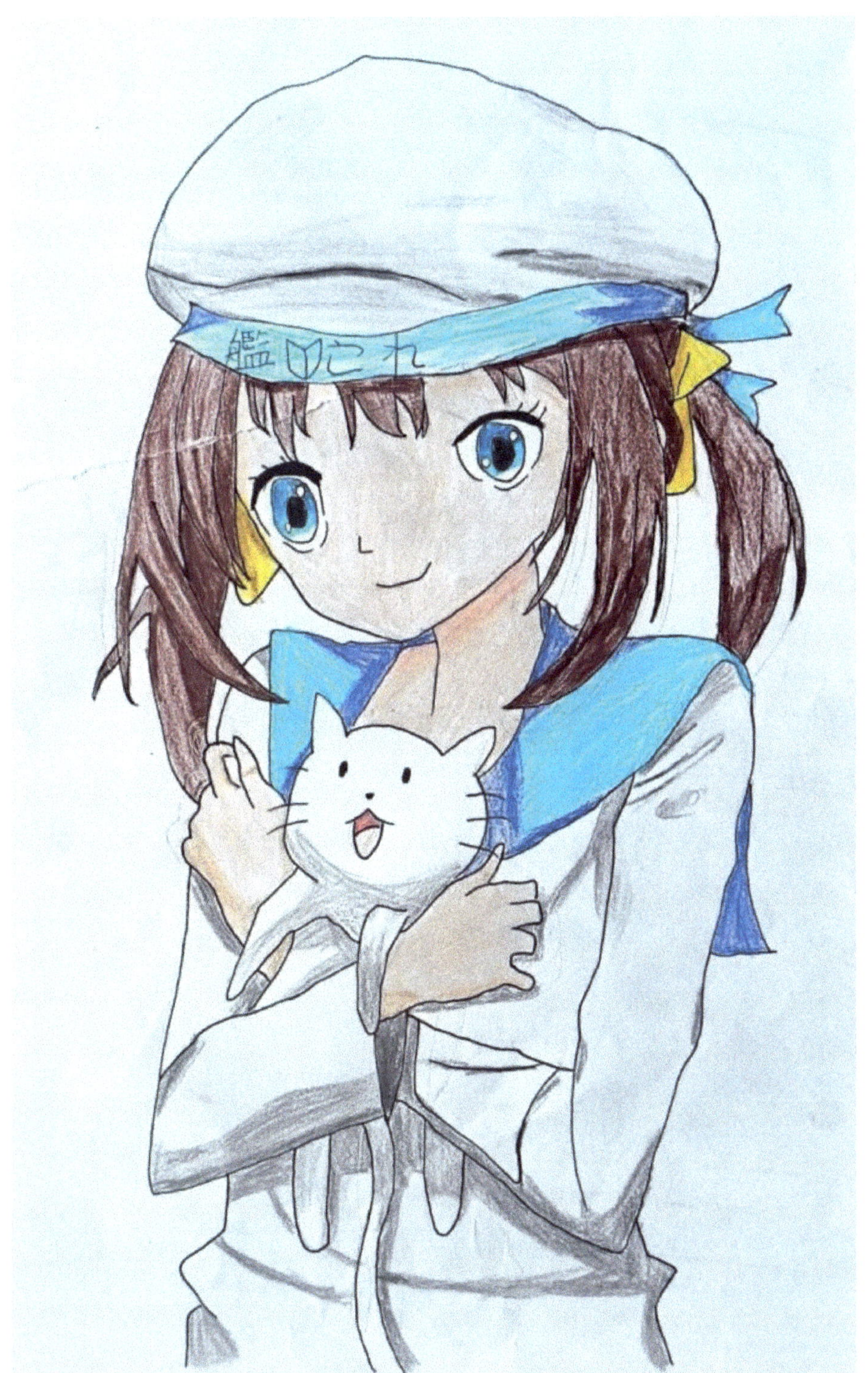

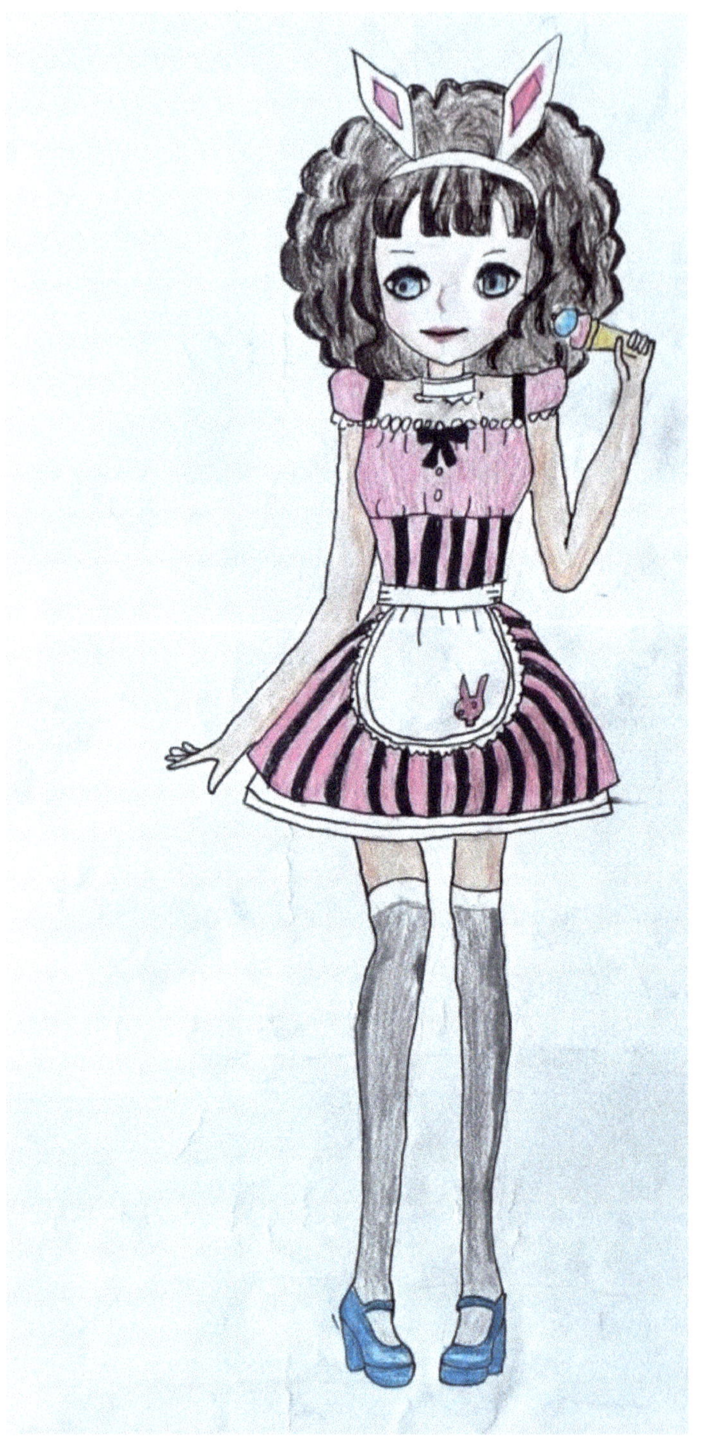

猜猜我拿的是冰淇淋还是话筒？

Guess if I'm holding an ice cream or a microphone?

Devinez si je tiens une crème glacée ou un micro ?

好喜欢鲜花的香味呀！

How I love the fragrance of flowers!

J'aime beaucoup le parfum des fleurs !

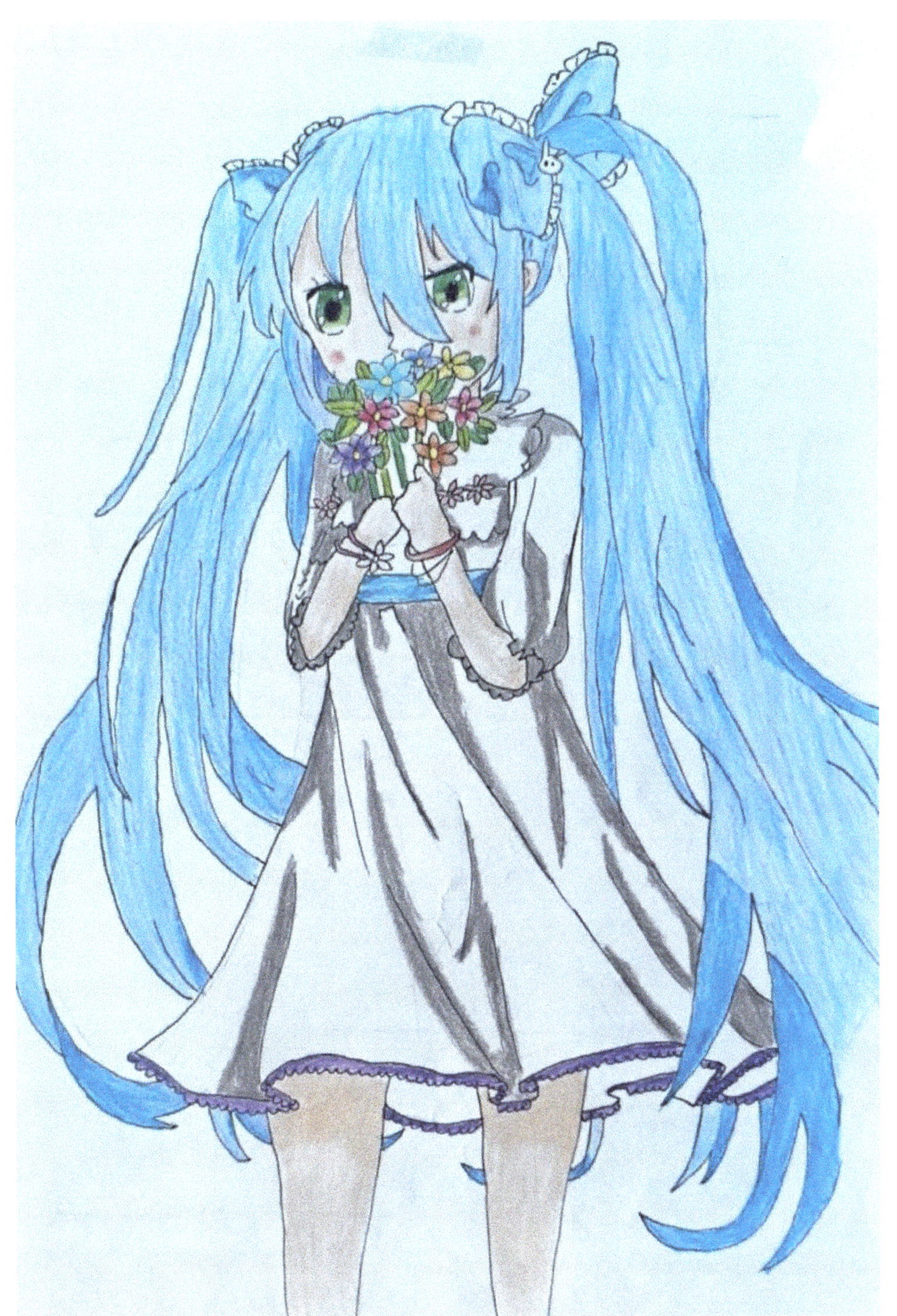

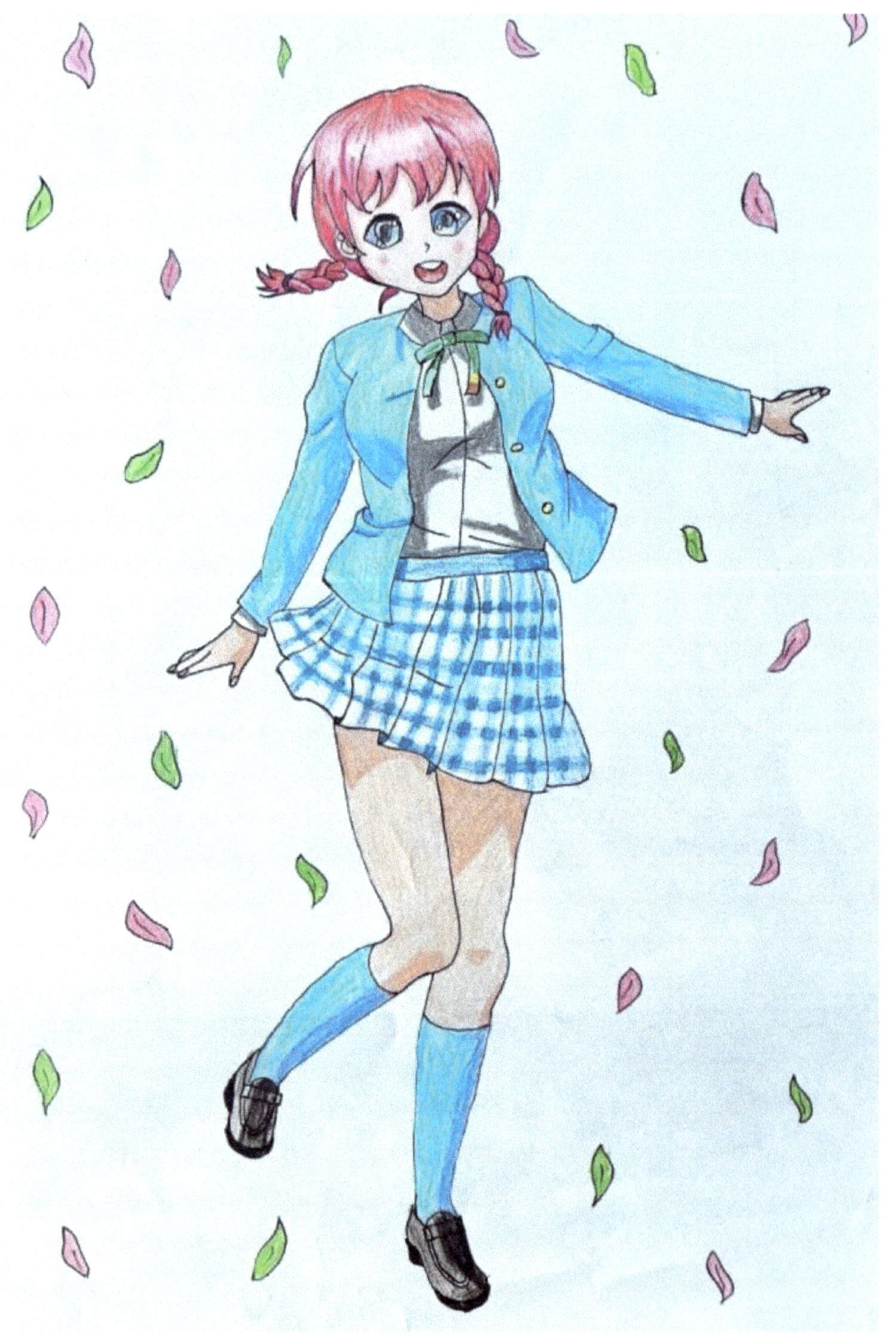

下花瓣雨啦，我来跳个舞吧！

It's raining petals. How about a dance!

Il pleut des pétales, laisse-moi danser !

哎呀，跳舞踩住了
头发！糟糕！

Oh, I stepped
on my hair while
dancing! too bad!

Oh, j'ai marché
sur mes cheveux en
dansant, dommage !

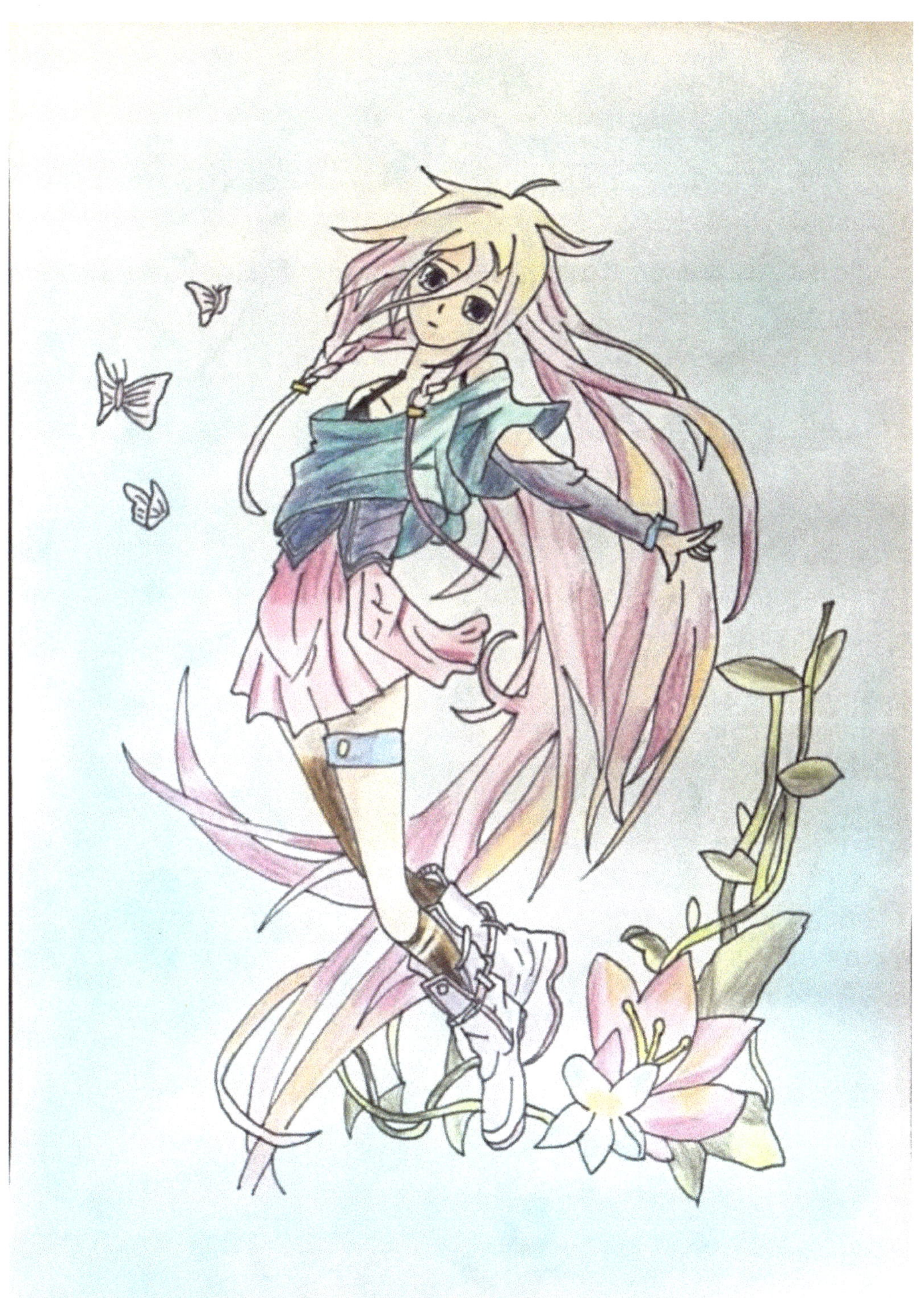

其实我们小猫咪不喜欢戴铃铛，一点都不舒服！

We cats don't really like to wear bells. It's not comfortable at all!

En fait, nos chatons n'aiment pas porter des clochettes, ils ne sont pas à l'aise du tout !

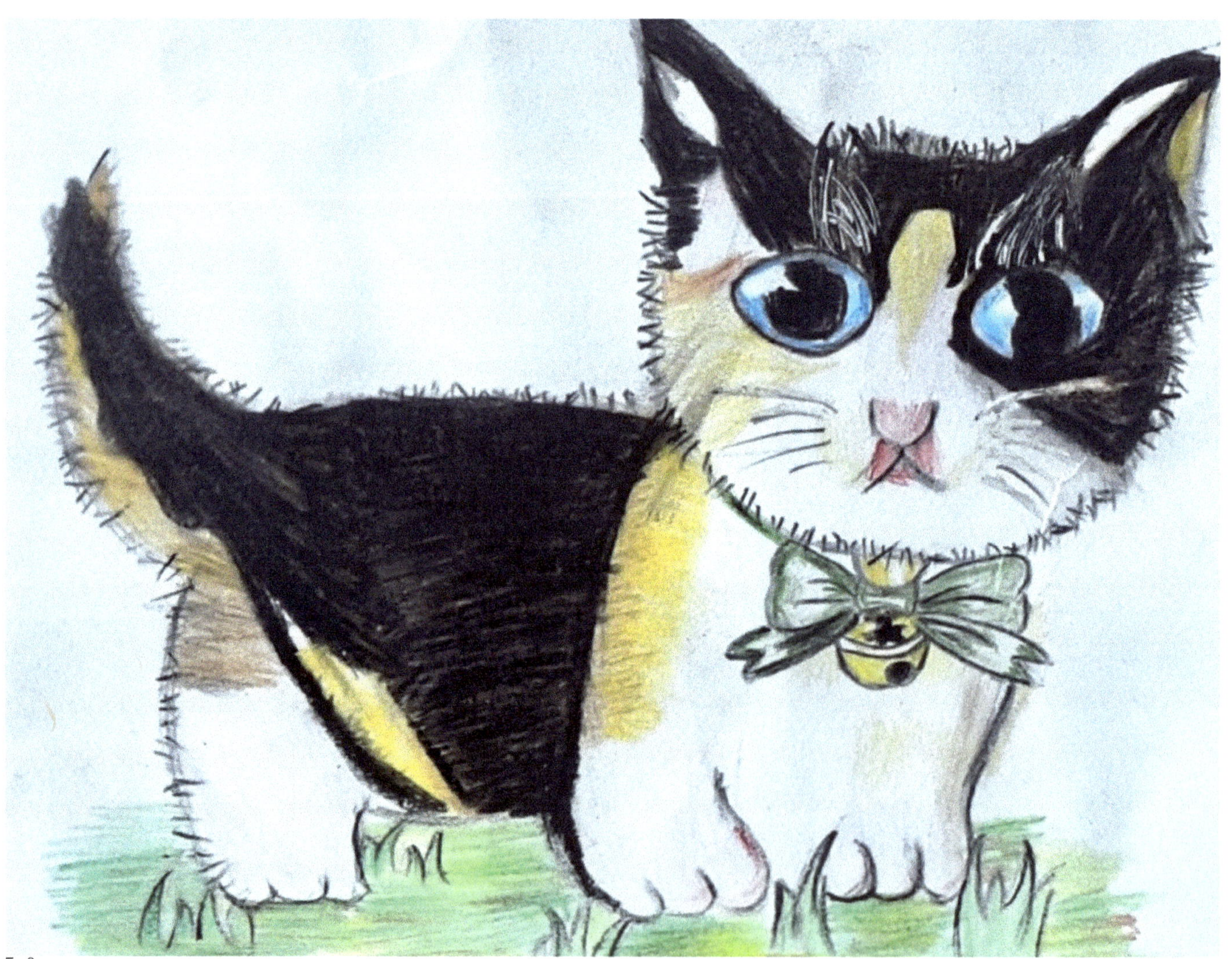

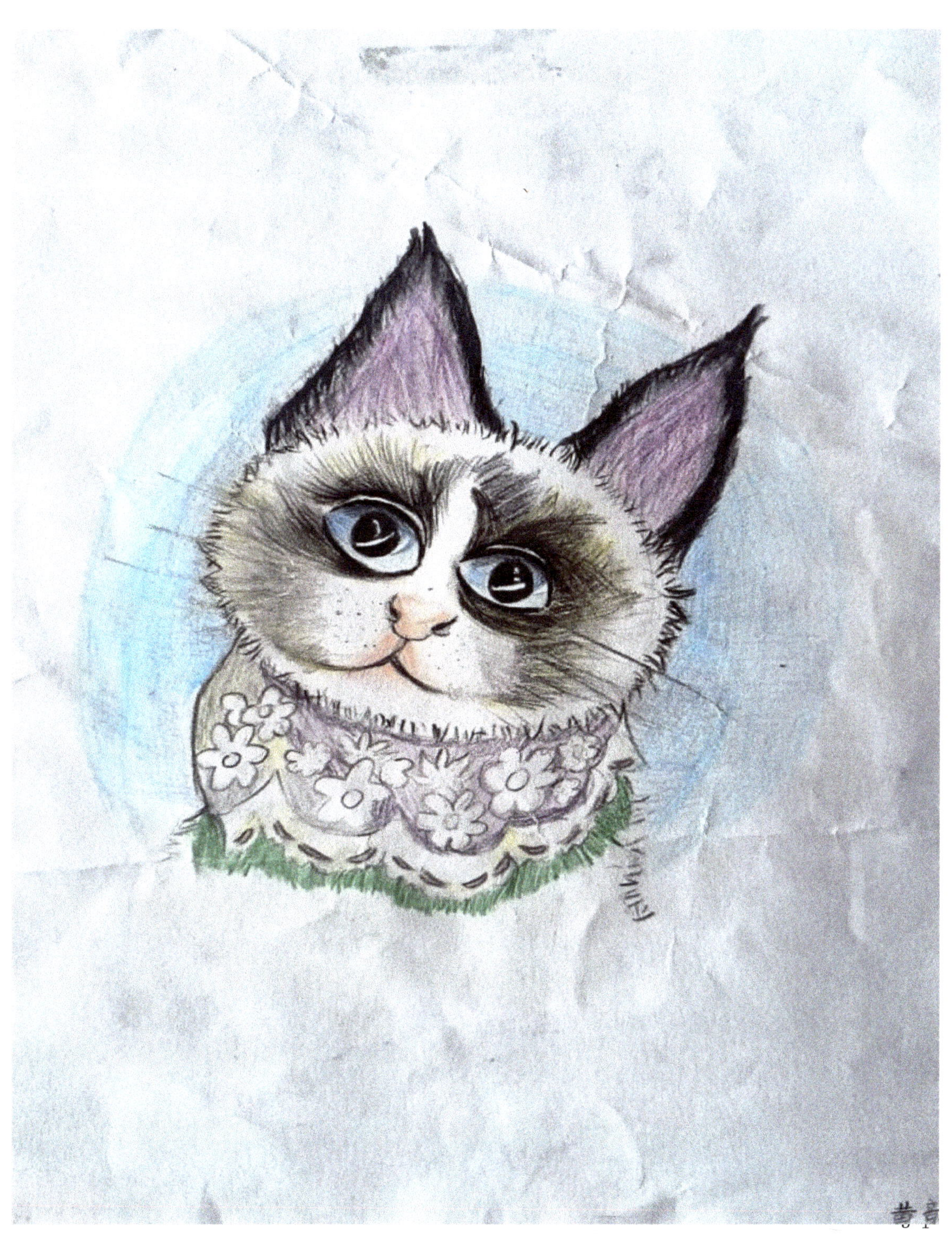

当 猫 咪 喜
欢你的时候，就
会对你眨眼睛！

When a
cat likes you, it
will blink at
you!

Quand un
chat vous aime
il cligne des
yeux !

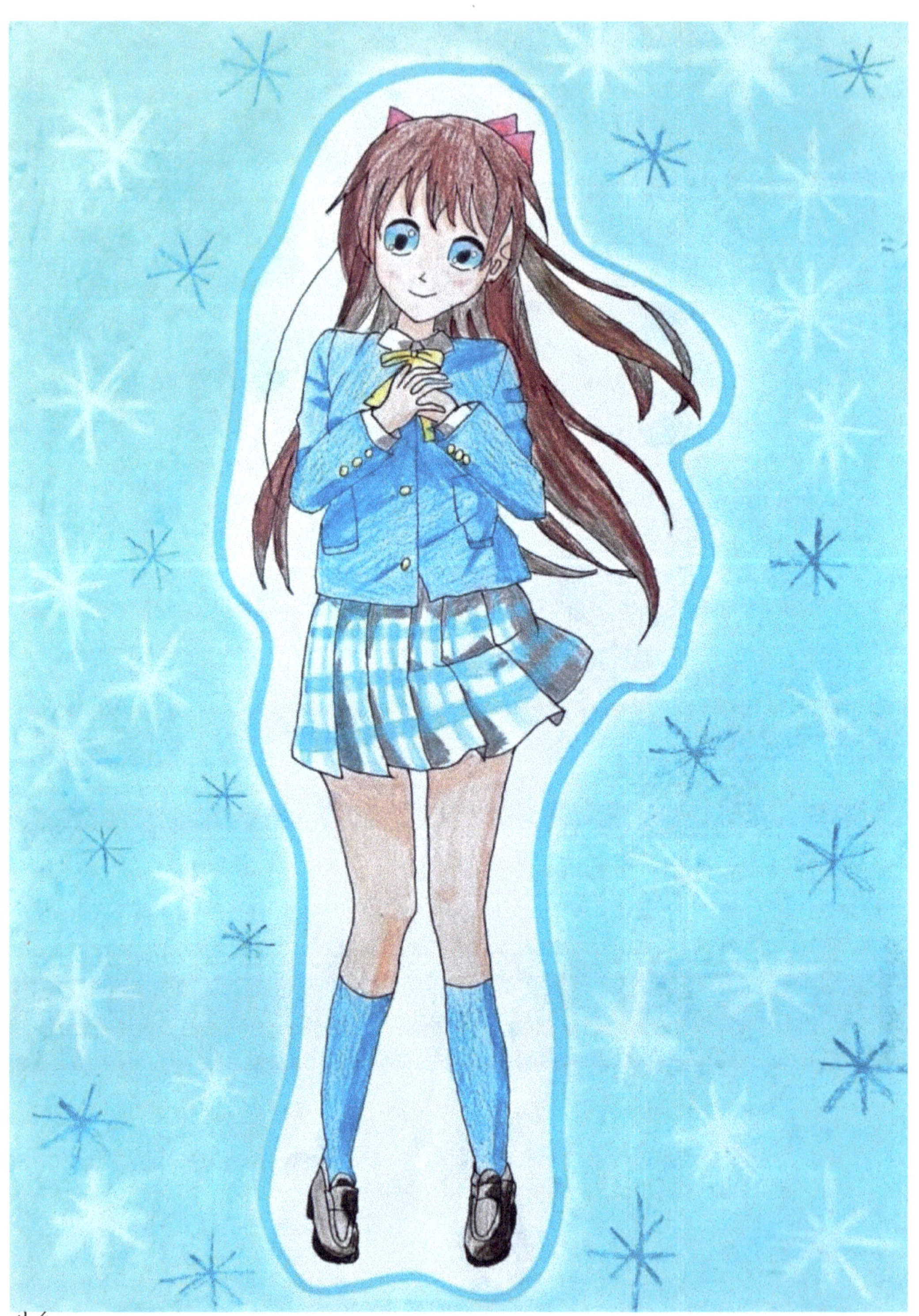

美丽冻人！

The beautiful
Frozen!

La belle Reine des
neiges !

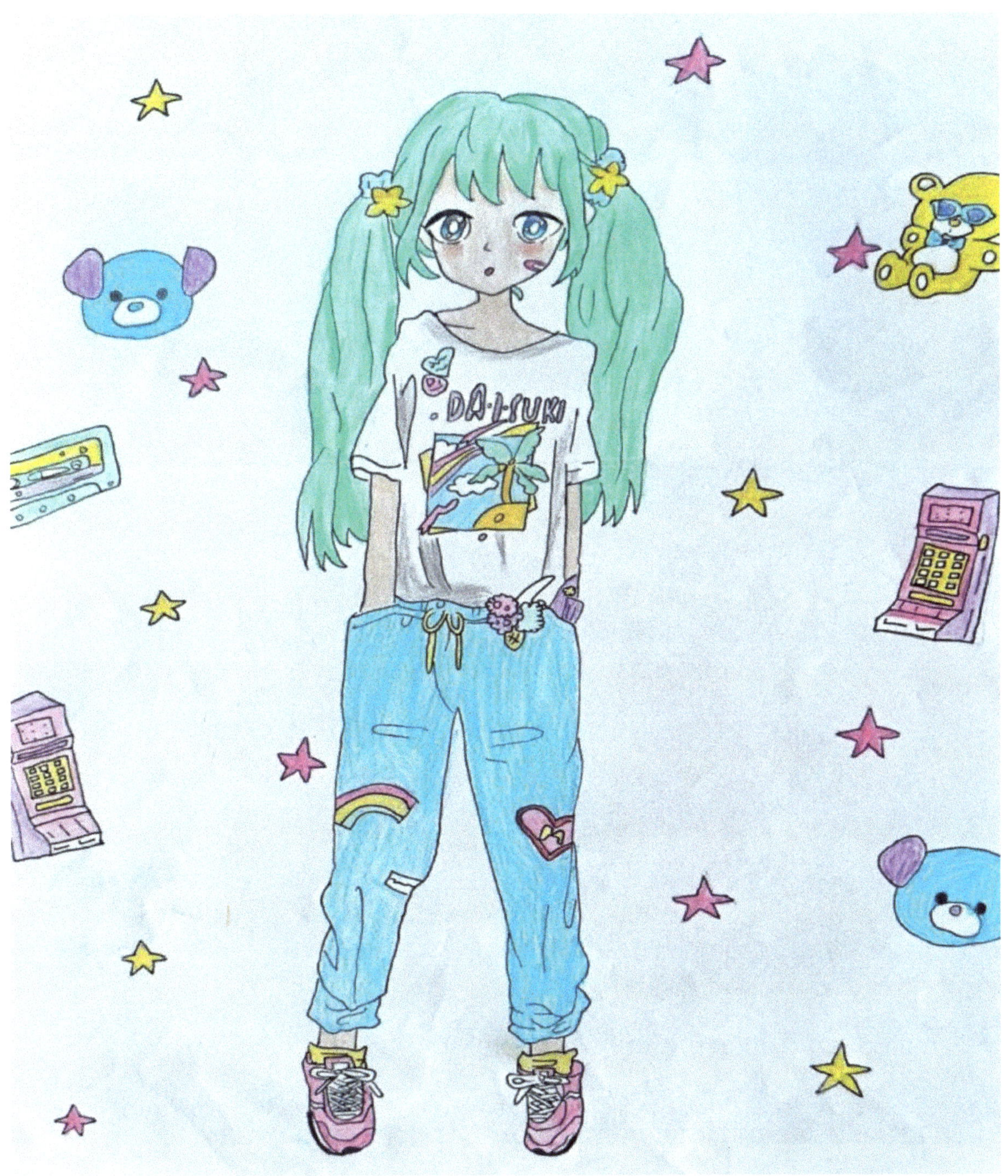

熊娃娃是我从小到大的最爱。

Teddy Bears are my all-time favorites.

Les poupées ours sont mes préférées depuis mon enfance.

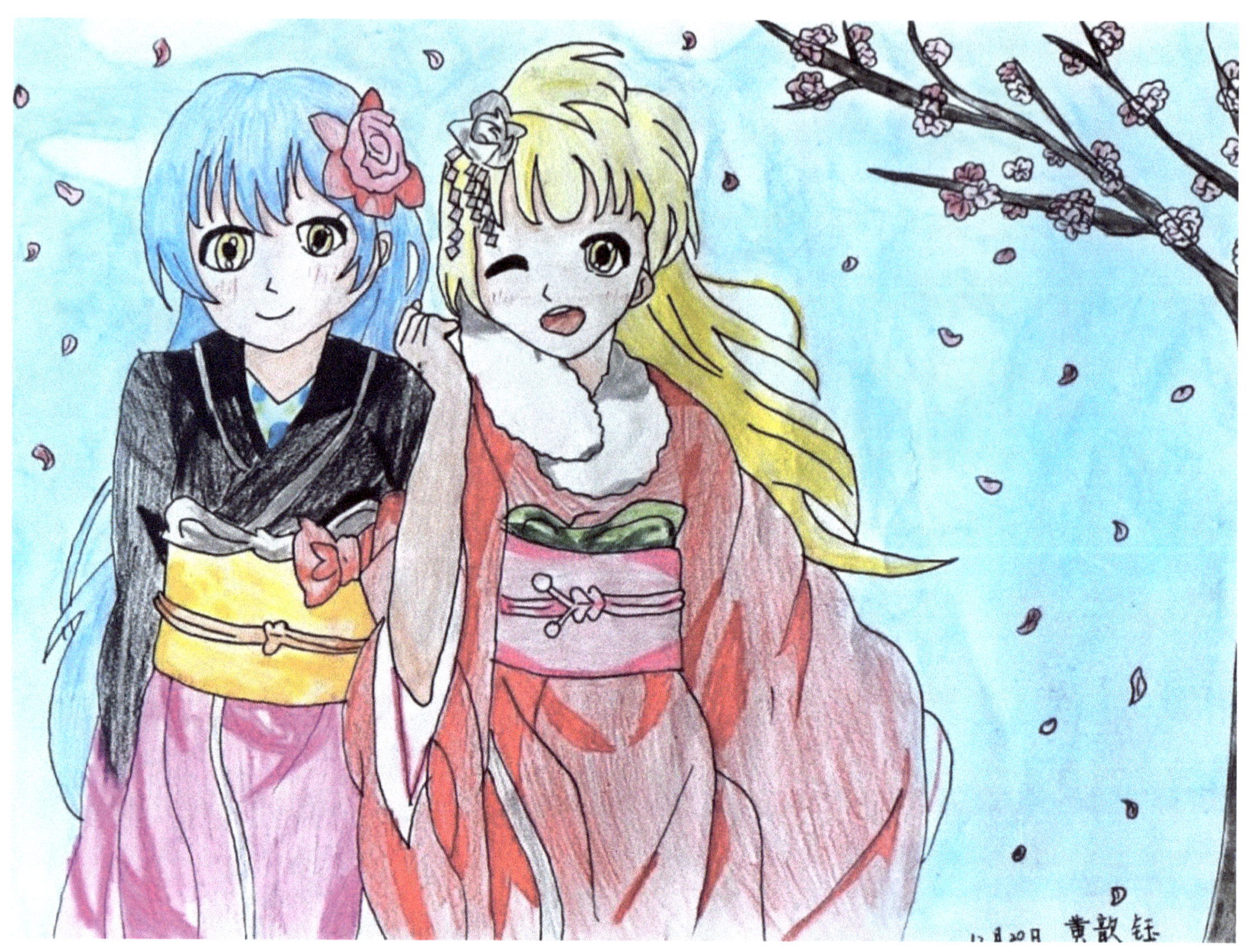

日本少女的成人礼可真漂亮！

Beautifully dressed-up Japanese girls on coming-of-age ceremony!

Des filles japonaises magnifiquement habillées lors de la cérémonie de la majorité !

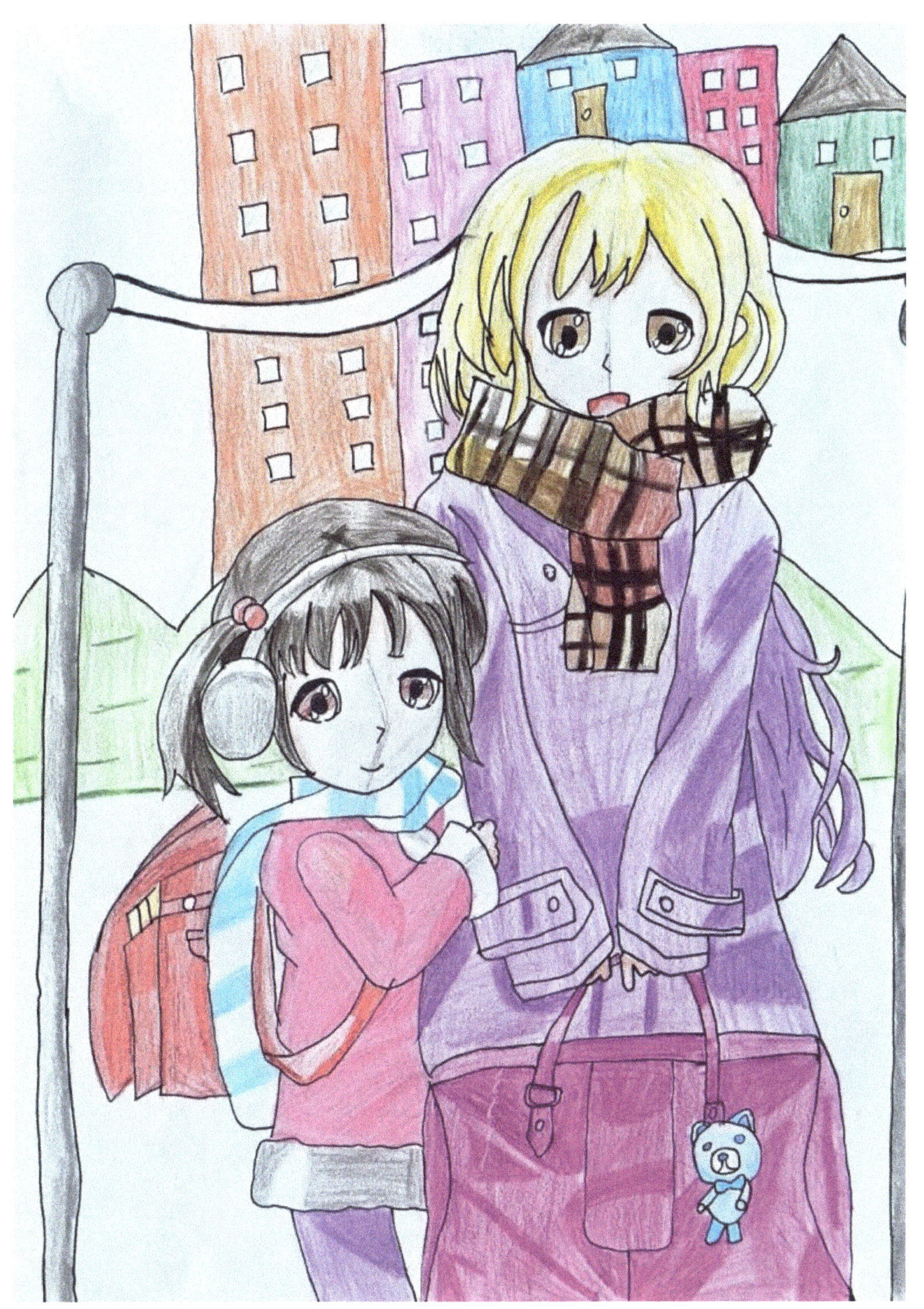

妈妈的身边是最温暖的。

It's so warm to be at Mom's side.

C'est tellement chaleureux d'être aux côtés de maman.

夏天到啦，可以穿漂亮衣服啦！

Summer is here, and we can wear beautiful clothes!

L'été est là, et on peut porter de beaux vêtements !

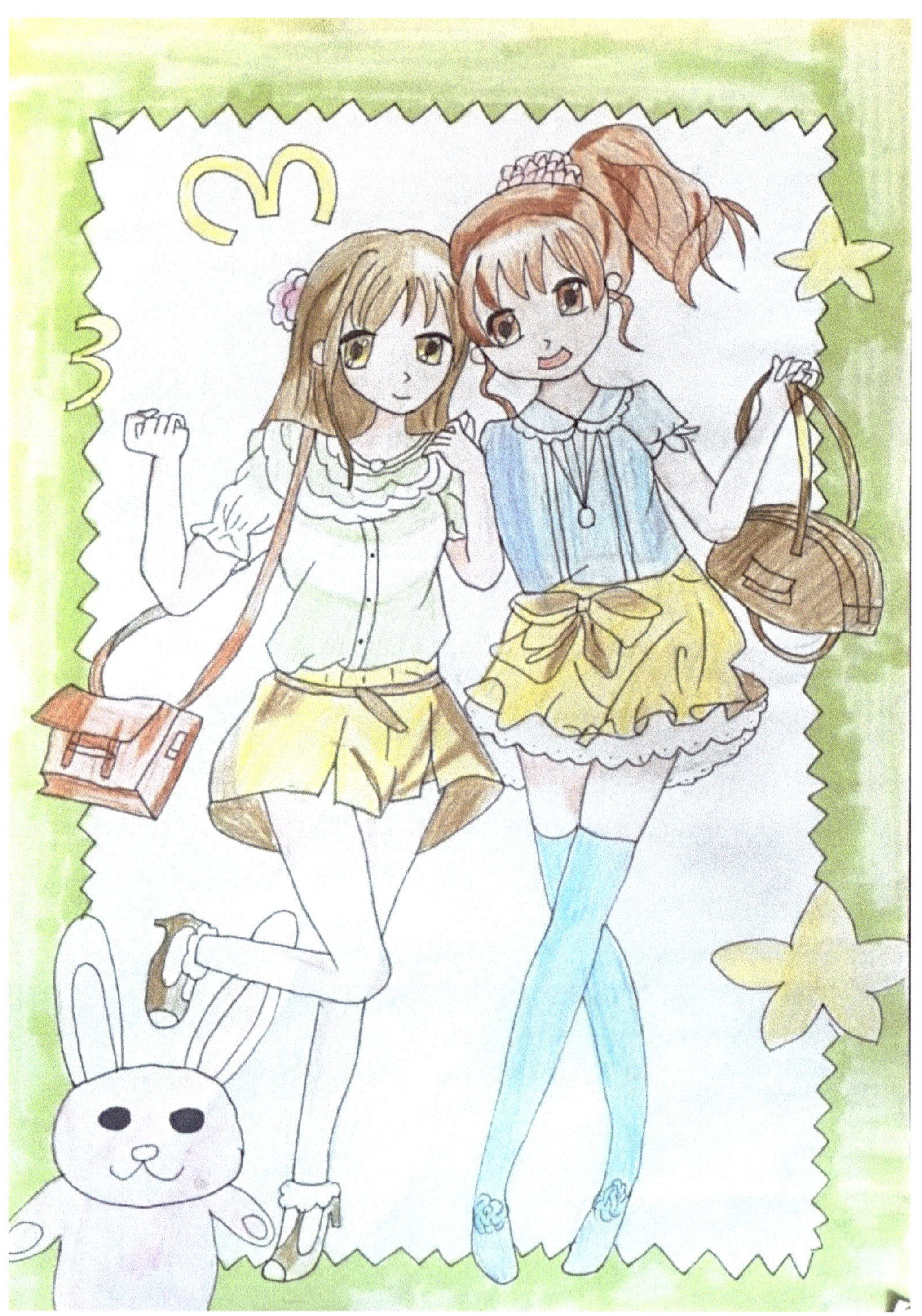

和朋友吃下午茶真惬意！我喜欢草莓蛋糕！

Having afternoon tea with friends is really enjoyable! I like strawberry cakes!

C'est tellement agréable de prendre le thé de l'après-midi entre amis ! J'adore le gâteau aux fraises !

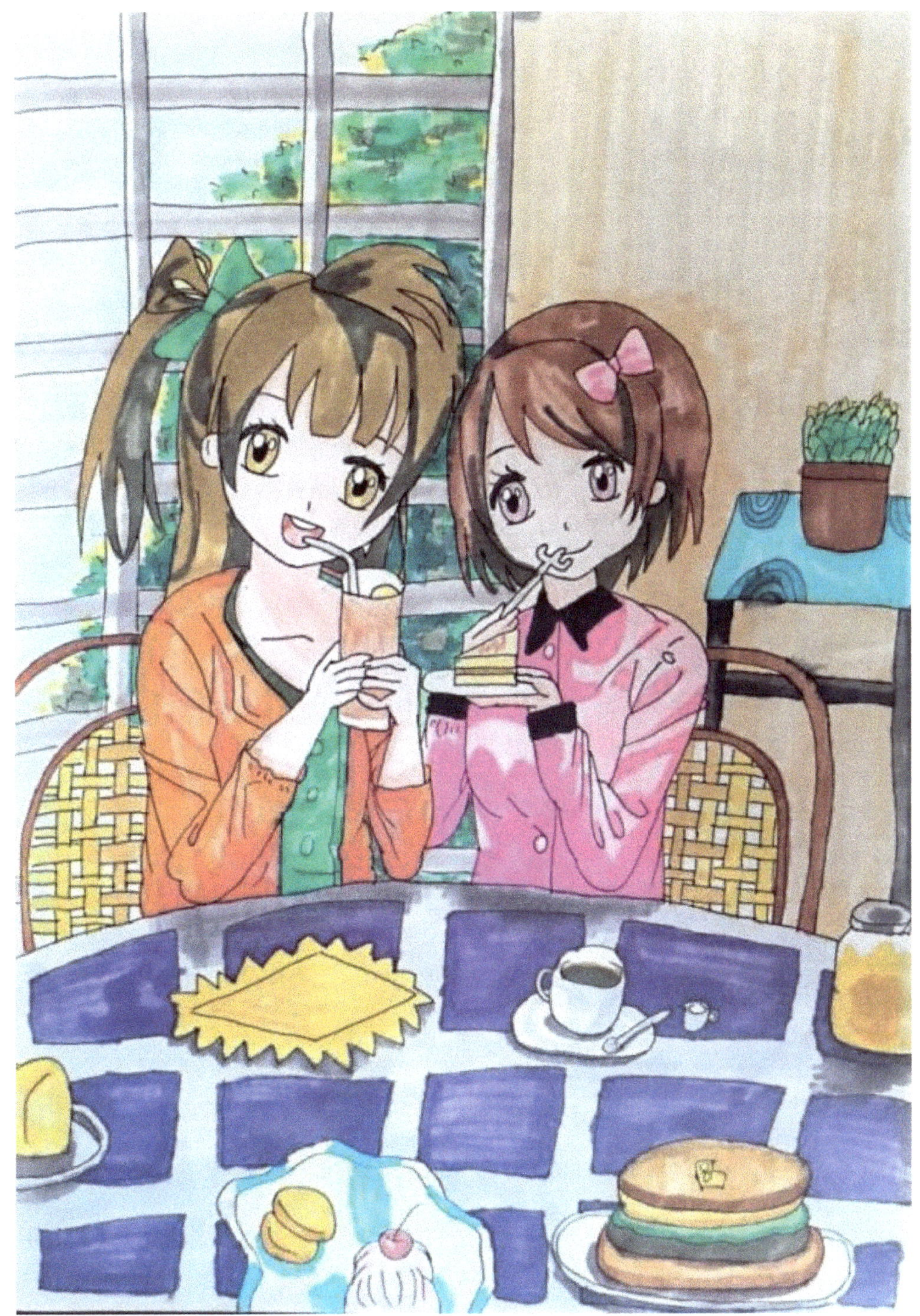

据说农村会养大白鹅看家护院！

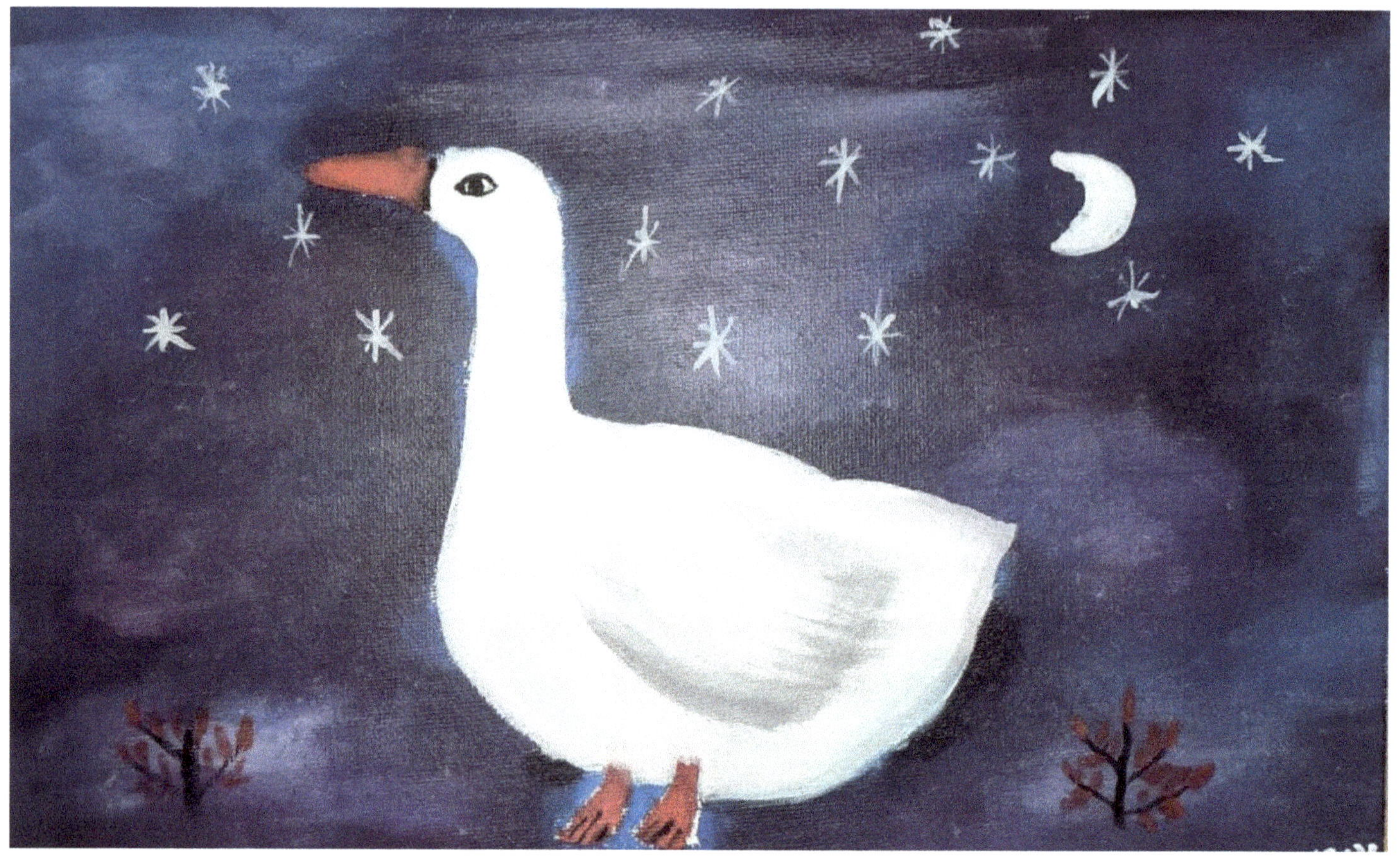

Is it true that in rural areas, big white geese are raised to guard the house and yard?

On dit que dans les zones rurales, les oies blanches sont élevées pour s'occuper des habitations et des foyers !

熊猫荡秋千太可爱
了！

Panda swinging on
the swing, so cute!

Le panda qui se
balance sur la
balançoire est trop
mignon !

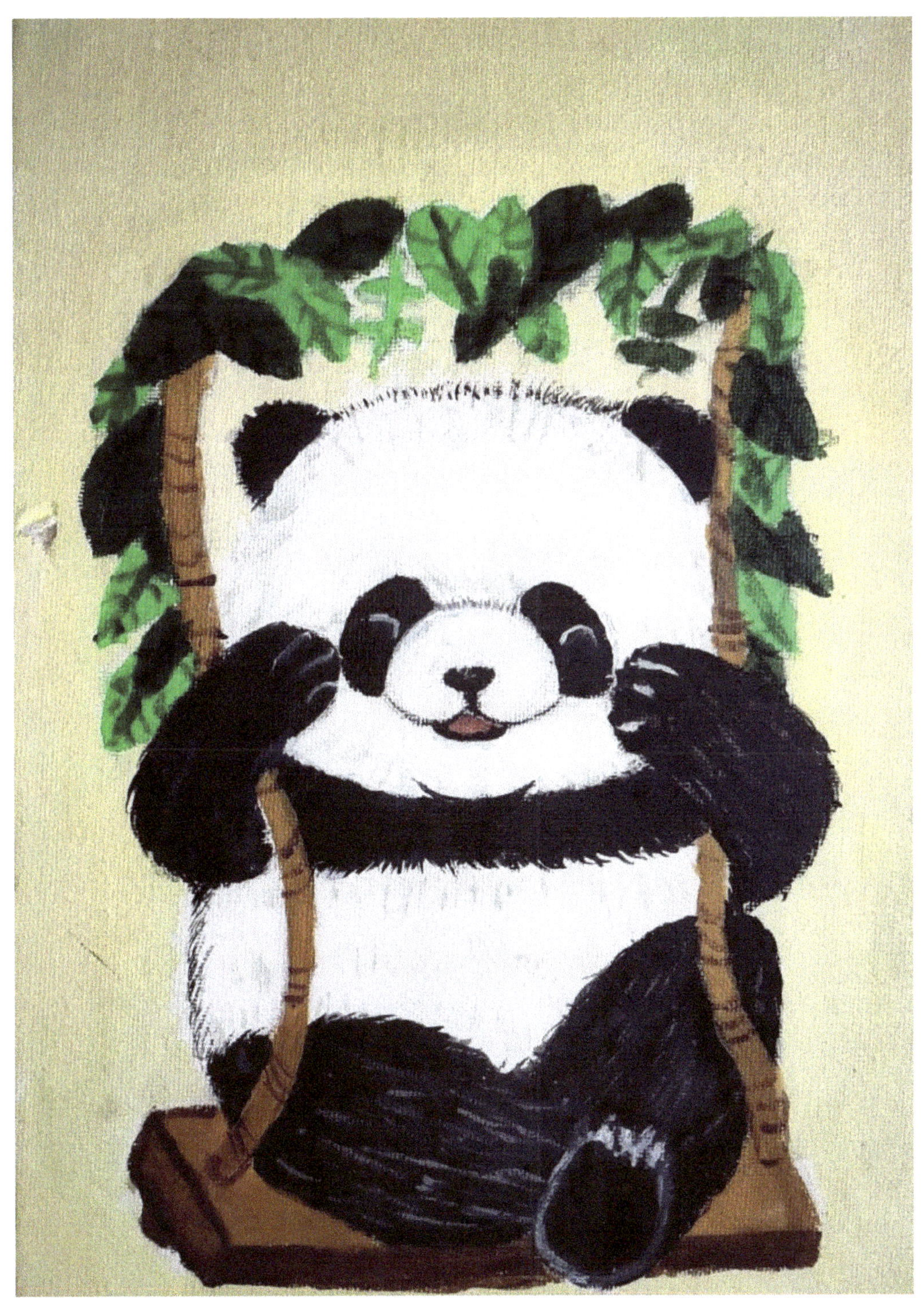

哈！巨婴蜗牛！

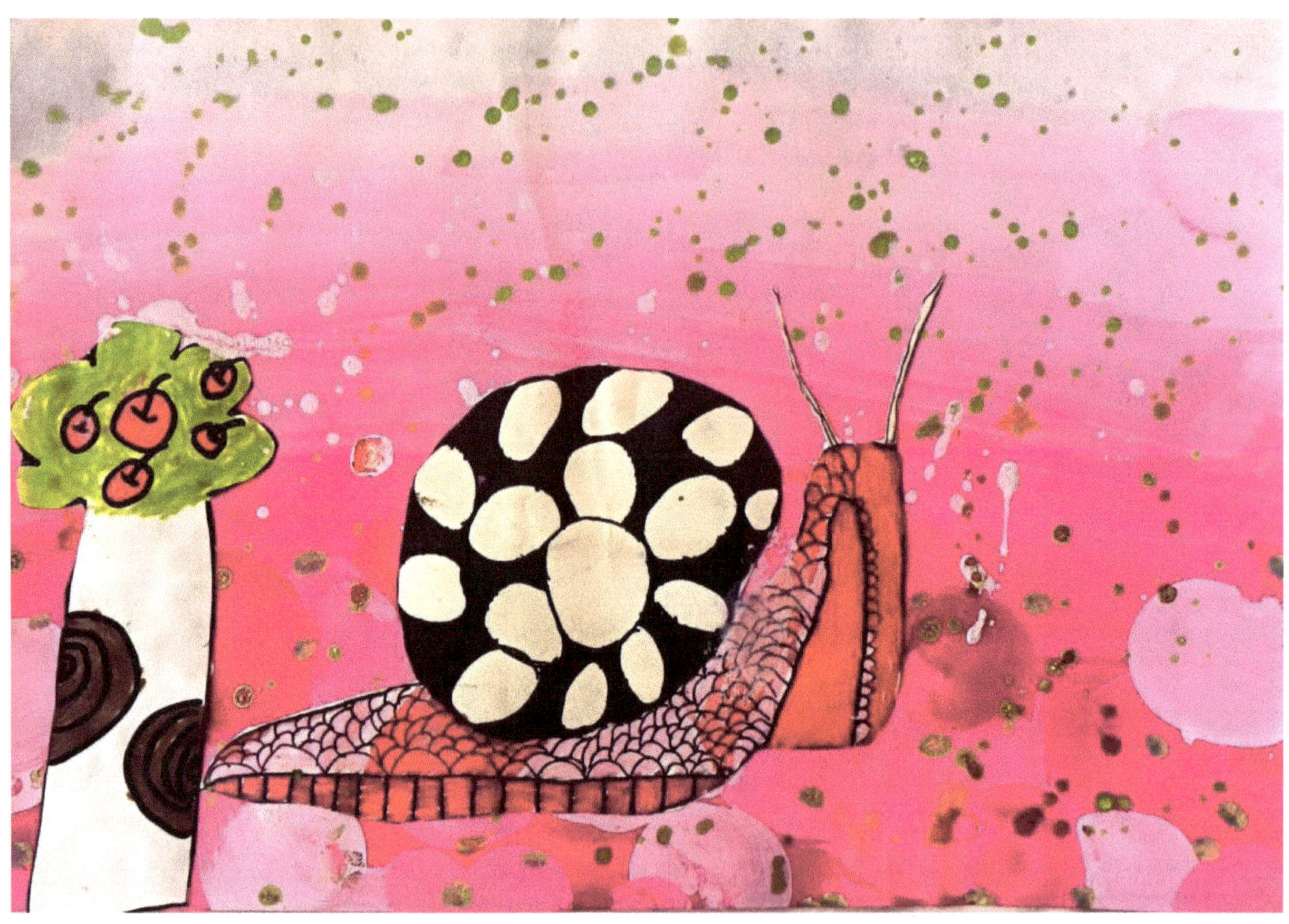

Ha, a giant baby snail!

Ha, bébé escargot géant !

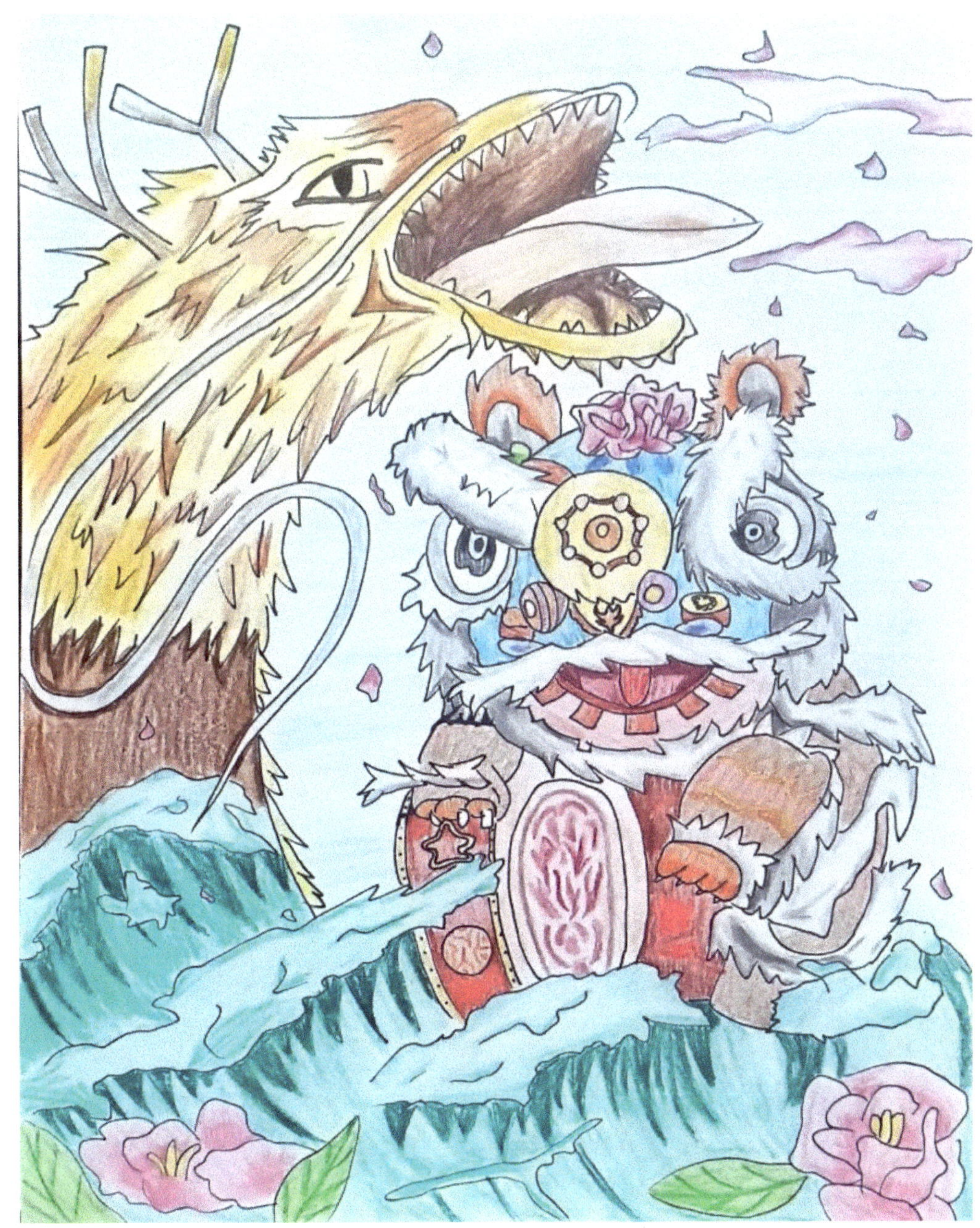

我的梦 / My dream / Mon rêve

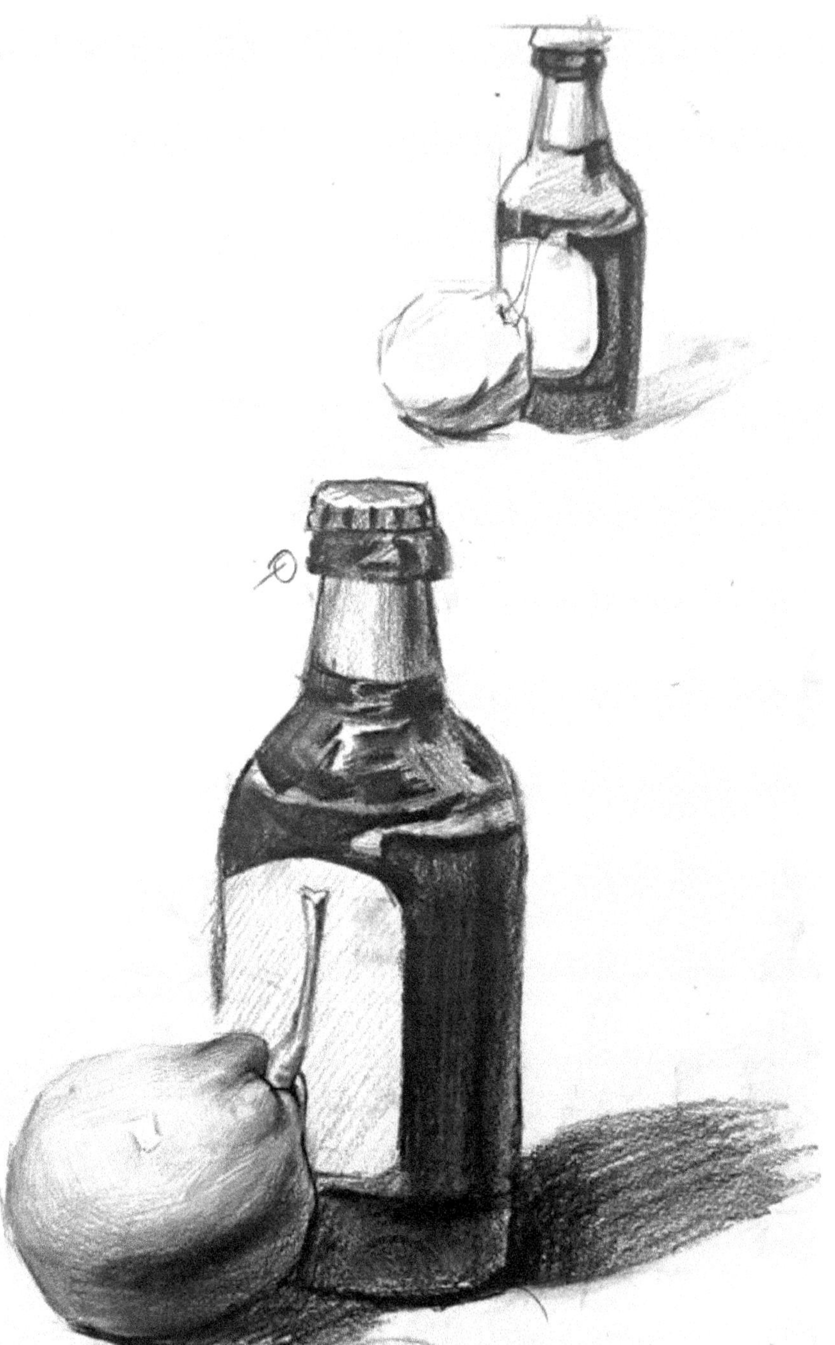

再来几张素描吧。

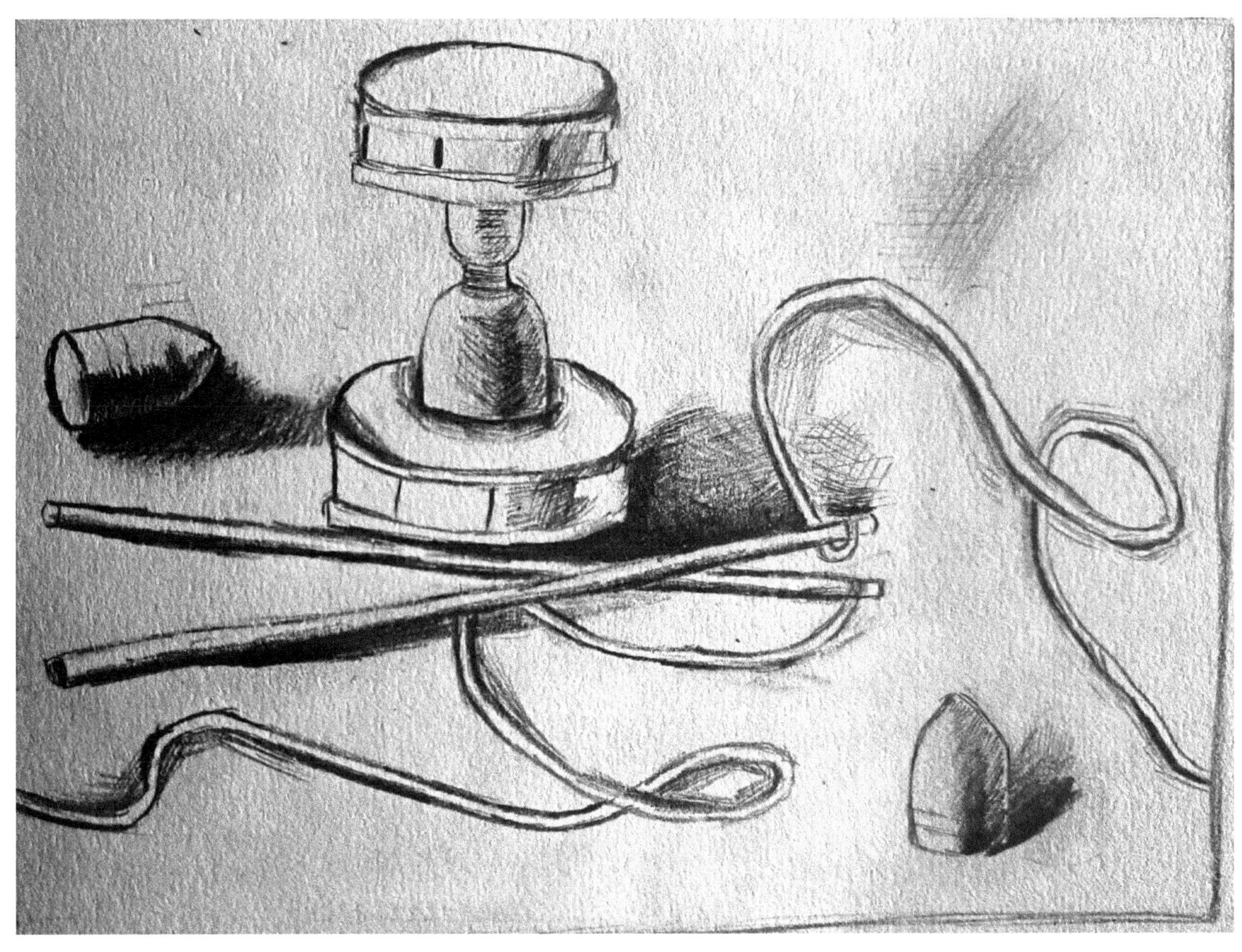

How about a few sketches?

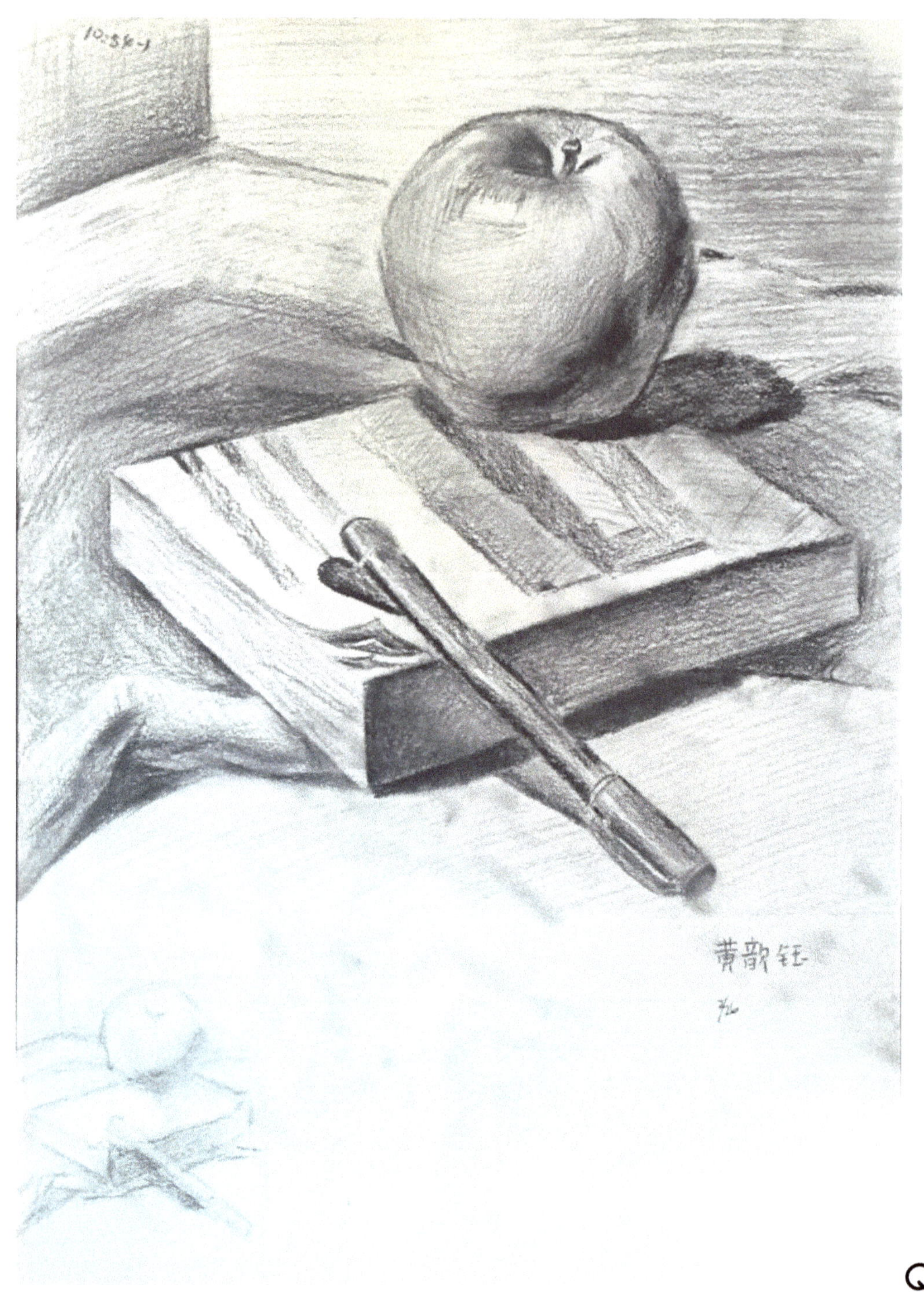

Quelques croquis a la fin?

天街小雨潤如酥，草色遙看近却無。最是一年春好處，絕勝煙柳滿皇都。

時在辛丑春月黃敏鈺書

书法是中国文化的瑰宝。

Calligraphy is a great treasure of Chinese culture.

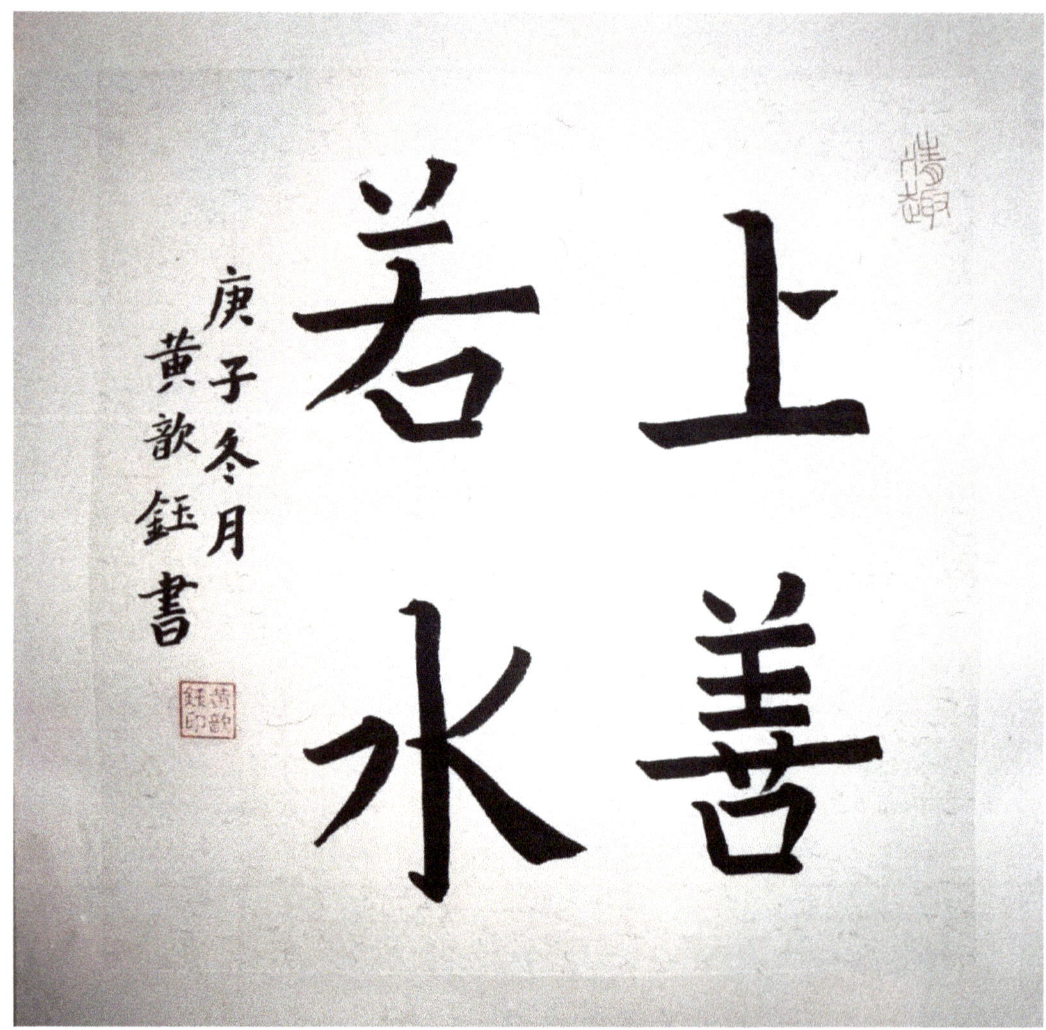

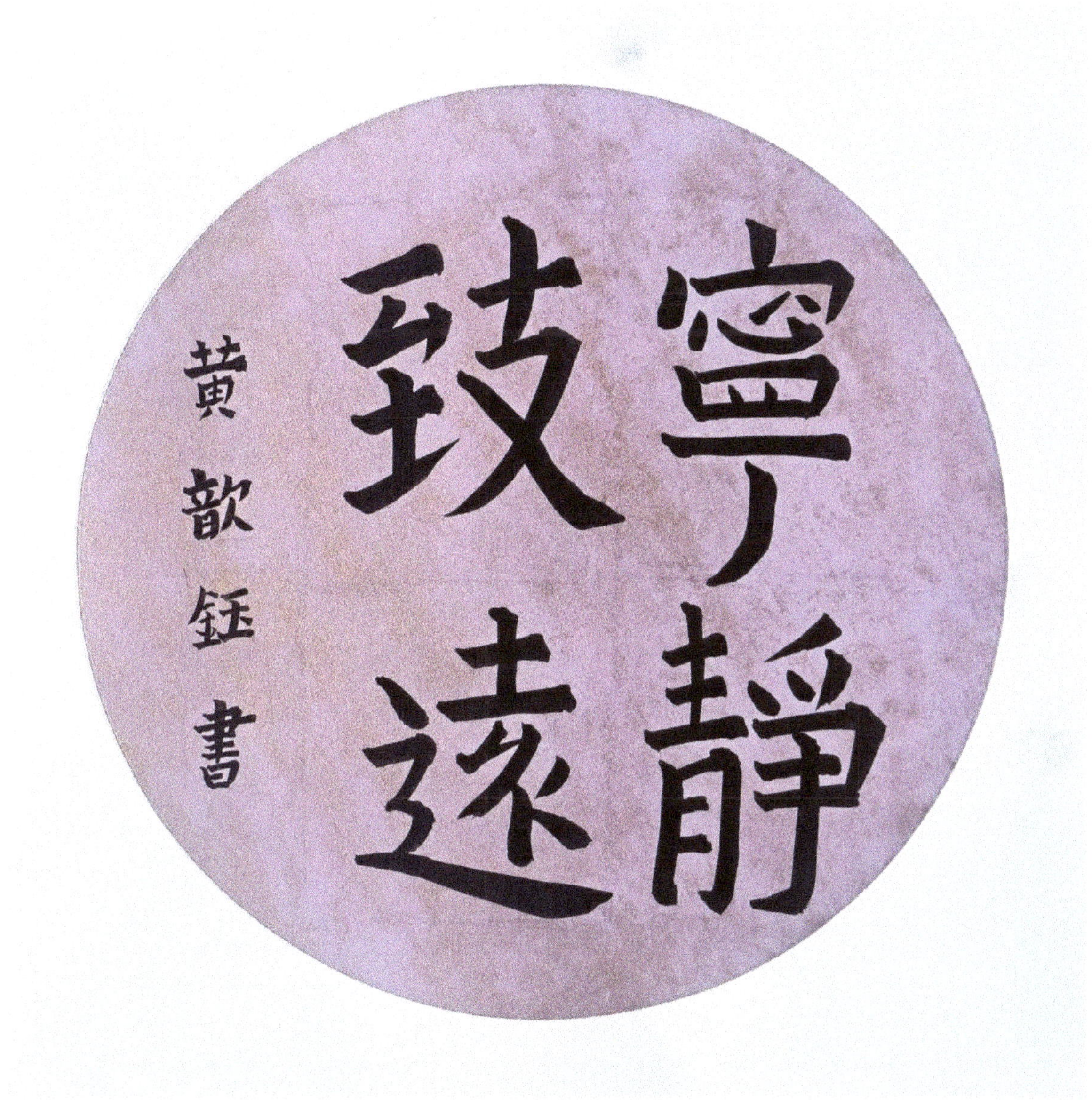

La calligraphie est un trésor de la culture chinoise.

所获相关荣誉：

2019 年 12 月 2019 杨浦区中小学生"中国心 爱国情 光影筑梦 70 周年"影视主题教育系列活动
之"我们的故事"微电影剧本创作活动 小学组 二等奖

2020 年 10 月 社会艺术水平考级证书 漫画十级

2020 年 12 月 2020"杨浦滨江 城市记忆"杨浦区中小学生绘滨江绘画作品展 小学组 三等奖

2021 年 12 月 杨浦区中小学"美丽心世界——心理健康主题小报网络征集" 三等奖

2023 年 4 月 社会艺术水平考级证书 古筝十级

2023 年 5 月 "足迹 逐梦起航" 第八届青少年绘画书法作品征集活动 特等奖

2023 年 5 月 2023 中央音乐学院第三届"因乐一起来"地区汇演 少年组古筝 二等奖

2023 年 12 月 "美在传统"青少年民族民间艺术风采展示活动 四星作品

2023 年 12 月 "青春梦想 美好生活"第九届"足迹"足迹青少年美术书法活动 一等奖

2024 年 6 月 2024 杨浦区第三十八届学生艺术单项比赛 民乐初中组 铜奖

2024 年 7 月 第二十八届全国中小学生绘画书法作品比赛 绘画类三等奖

　　感谢大家进入我的小小宇宙，在我的小小宇宙中，记录了我从小至今的绘画经历和感悟，在这段经历中，有取得成绩时的欢欣喜悦，也有作品不被认可时的伤感失落，但收获更多的是自我成长，是我对这个世界真善美追求的脚步。在一次又一次的前进冲锋中，我积累了信心和不服输的信念，所以我想通过我的小小宇宙将能量分享给更多有梦想的孩子们，陪他们一起畅想未来。